Sylvia Schneider · Birgit Rieger

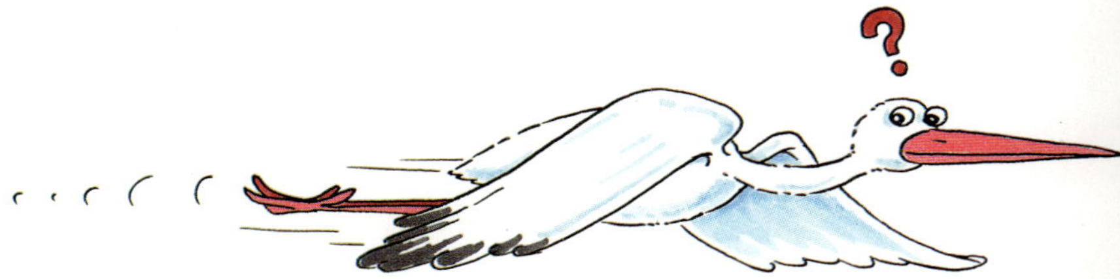

Erzähl mir nichts vom Klapperstorch

Inhalt

Warum wird Mamas Bauch immer dicker?

Es ist Juli, und die Zwillinge Lara und Daniel sind mit ihren Eltern an die See gekommen. Hier wollen sie zusammen Ferien machen. Sie haben eine Menge Spielzeug und Hund Tobi dabei. Oma Else und Opa, Mamas Freundin Tante Suse und ihr Sohn Tim sind auch da. Und Tanni natürlich. Tanni, die eigentlich Tanja heißt, ist das Kind ihrer Nachbarn aus der Stadt und Laras beste Freundin. Zur Zeit sind sie beinahe unzertrennlich. Gleich nach ihrer Ankunft sind die Kinder ins Wasser gestürmt und haben gebadet. Darauf haben sie sich schließlich das ganze Jahr gefreut. Sie kommen immer in den Sommerferien hierher und kennen eine Menge anderer Kinder, die auch in jedem Jahr hier Urlaub machen.

Dann haben der Vater und die Kinder eine riesige Strandburg aus Sand gebaut. Sie sind stolz auf ihre Burg und haben sie mit Muscheln und Fähnchen

verziert. Am liebsten toben die Kinder im Wasser. Sie lieben es, sich in die hohen Wellen hineinfallen zu lassen und zu tauchen. Tanni und Lara kreischen bei jeder Welle so laut, daß man sie am ganzen Strand hören kann. Und Daniel quietscht vor Vergnügen, wenn er wieder auftaucht.
Als die Kinder triefnaß zur Strandburg zurückkommen, zieht Mama gerade ihren neuen Badeanzug an. „Mensch, Mama, du hast bestimmt in letzter Zeit zuviel Nudeln und Pudding gefuttert! Dein Bauch ist ja ganz rund. Paß bloß auf, daß er nachher nicht so dick wird wie der von Opa. Dann mußt du dir schon wieder einen neuen Badeanzug kaufen!" ruft Lara fröhlich.

Die Mutter streicht sich über den Bauch und lacht ihre Kinder an: „Du hast recht, man könnte denken, ich hätte zuviel gegessen. Aber das stimmt nicht. Papa und ich haben nämlich eine Überraschung für euch!" Lara und Daniel gucken sie gespannt an. Was könnte das wohl sein? Eine Reise zu den anderen Großeltern? Eisessen bis zum Umfallen? Ein größeres Spielzimmer? Oder vielleicht sogar ein neues Meerschweinchen? Oder endlich einen Vogel?
Ihr Vater legt den Arm um seine Frau: „Ja, diese Überraschung haben wir uns für die Ferien aufgehoben! Ihr erratet es wohl nicht?"
Lara faßt ihn am Arm: „Nun sag schon!" Auch

die anderen schauen schon neugierig. Daniel hüpft von einem Bein aufs andere: „Was ist es denn? Kriegen wir etwas geschenkt?"
„Ja! Und das habt ihr euch schon lange gewünscht: Ihr bekommt in ein paar Monaten ein Geschwisterchen! Mama ist schwanger!" sagt Papa und strahlt über das ganze Gesicht.
Jetzt machen die Kinder aber große Augen. Oma, Opa und Tante Suse sagen wie aus einem Mund: „Herzlichen Glückwunsch! Wie schön für euch!"
„Oooh, wie toll!" ruft nun auch Lara.
Daniel weiß noch nicht so recht, ob er ein neues Geschwisterchen gut findet. Andererseits: Wenn es ein Junge wird, hat er endlich Unterstützung gegen Lara und Tanni. „Ich möchte einen Bruder haben!" verkündet er deshalb.
Daniel findet es nämlich gar nicht gut, daß Tanni in den Ferien dabei ist. Manchmal ist er richtig eifersüchtig auf sie, weil sie so oft mit Lara zusammen ist.
„Wird es denn ein Junge wie ich?" fragt er nun ganz aufgeregt.
„Das wissen wir erst, wenn das Baby geboren ist. Jetzt ist es etwas größer als eine Bohne", antwortet sein Papa.
„Wie lange müssen wir denn noch warten, bis das Baby kommt?" will Lara wissen. „Noch ungefähr bis Weihnachten", meint die Mutter.
„Da kommt ganz schön was auf euch zu", sagt Tanni naseweis. Sie beneidet ihre beiden Freunde nicht gerade. Sie hat nämlich selbst eine ganz kleine Schwester, auf die sie oft aufpassen und zum Spielen mitnehmen muß.
Doch Lara und auch Daniel sind Feuer und Flamme. Ein Geschwisterchen! „Seit wann wißt ihr das denn mit dem kleinen Böhnchen?" wollen sie wissen. Die Eltern erklären ihnen, daß sie noch nicht so lange sicher sind, ob wirklich ein Baby unterwegs ist.
„Und woran hast du das gemerkt?" will Daniel wissen. Mama berichtet: „Ihr erinnert euch doch noch daran, daß mir eine Zeitlang morgens immer übel war. Das kann bei einer Frau ein Zeichen dafür sein, daß sie ein Kind bekommt. Ich bin dann zu meiner Ärztin gegangen. Die hat einen Schwangerschaftstest bei mir gemacht und gesehen, daß ich ein Baby erwarte."
„Und warum habt ihr uns nicht gleich etwas gesagt?" fragt Lara nun etwas beleidigt.
„Na, erst mal dauert es eine ganze Weile, bis man sicher ist, daß das Baby auch wirklich wächst und

gesund ist. Am Anfang ist es ja nur ein ganz kleines Zellknäuel und sehr empfindlich. Erst nach drei oder vier Monaten kann man ganz sicher sein, daß aus dem Zellknäuel auch wirklich ein Baby wird“, erklärt ihr Papa.
„Und das Baby ist jetzt bei dir da drin?“ fragt Lara und tippt ihrer Mutter auf den Bauch. Die Mutter nickt: „Ja, da wächst es ungefähr neun Monate, bis es geboren wird! Jedes Baby braucht so lange, bis es auf die Welt kommt.“
„Dann stammen also alle Menschen aus Bäuchen und waren mal so klein wie ein Böhnchen“, sagt Lara.
„Auch der Direktor von unserer Schule, die Kinderärztin und unsere Nachbarn!“ ruft Daniel.
Tim nickt und sagt: „Stellt euch vor: Sogar der Bundeskanzler und der Popstar, den ihr so toll findet – auch sie haben alle mal ganz winzig klein im Bauch von ihren Müttern angefangen!“
Tanni kichert. Sie stellt sich gerade ihre Lehrerin als Baby im Bauch vor. Daß die auch mal so klein war, kann sie kaum glauben. Sie malt sich aus, wie ihre Lehrerin auf die Welt gekommen ist, wie sie wie alle Babys in die Windeln gemacht hat und daß sie auch mal ein Schulkind war. Wo hat sie als Kind wohl früher ihre Sommerferien verbracht?
Daniel ist mit etwas ganz anderem beschäftigt. Er legt den Finger an die Nase und überlegt laut: „Ich frag mich nur, wer tut überhaupt die Babys in den Bauch rein? Und wer bestimmt, ob das Baby ein Junge oder ein Mädchen wird?“

Wie kommt das Baby in den Bauch?

„Ein Baby entsteht aus dem Ei von einer Frau und dem Samen von einem Mann. Das passiert, wenn ein Mann und eine Frau miteinander schlafen", erklärt Tim. Er ist vierzehn und hat in der Schule im Aufklärungsunterricht schon davon gehört.

Miteinander schlafen – wie geht das?

Wenn ein Mann und eine Frau Lust haben miteinander zu schlafen, wird das Glied des Mannes steif, und die Scheide der Frau wird dann feucht. Mann und Frau liegen ganz eng beieinander, wenn sie zusammen schlafen, und das Glied des Mannes gleitet in die Scheide der Frau. Das ist ein schönes Erlebnis für die beiden. Mann und Frau bewegen sich so miteinander, wie sie es schön finden, und sie küssen und streicheln sich.

Aus dem Glied spritzt Samenflüssigkeit in die Scheide. Darin schwimmen Millionen von Samen. Jede Frau hat im Bauch Eizellen. Wenn ein Samen und ein Ei aufeinandertreffen und miteinander verschmelzen, entsteht ein Baby.

Wenn ein Mann und eine Frau zusammen schlafen, ist es ganz entscheidend, daß wirklich beide so zusammensein möchten. Deswegen ist es auch am schönsten, wenn sich die beiden richtig liebhaben. Ist einer der beiden nicht bereit dazu, kann das Zusammen-Schlafen weh tun, zum Beispiel wenn die Scheide der Frau nicht richtig feucht ist. Natürlich müssen Menschen auch erst lernen, wie man miteinander schläft. Um diese Form der Liebe genießen zu können, braucht es Erfahrung. Dies ist meist erst in der späteren Pubertät der Fall, etwa ab 15 oder 16 Jahren. Viele ganz junge Paare sind vom „ersten Mal“ manchmal enttäuscht, weil sie sich etwas anderes darunter vorgestellt hatten – so wie sie es im Fernsehen oder auf Fotos gesehen haben.

Wenn ein Paar miteinander schläft, endet dies meist damit, daß beide einen Höhepunkt erleben. In diesem Moment, der unterschiedlich lang dauern kann, sind beide sehr erregt. Ihr Atem geht schneller, das Herz schlägt rascher und der ganze Körper wird stärker durchblutet. Beim Mann spritzt beim Höhepunkt die Samenflüssigkeit aus dem Glied.
Ein Paar läßt sich in diesem Augenblick von nichts und niemandem stören, zum Beispiel von Kindern, die zufällig hereinkommen.
Lara und Daniel wollen von ihren Eltern wissen, wie sich so ein Höhepunkt „anfühlt“. Papa meint: „Das ist, als ob man auf dem Kopf steht und mit den Beinen Hurra schreit!“
Mama sagt, sie bekommt dabei immer eine Gänsehaut und ist danach zufrieden, aber auch ziemlich erschöpft. So richtig kann sie eigentlich gar nicht erklären, wie man sich dabei fühlt, aber sie sagt, daß das für alle Menschen ein sehr, sehr schönes Gefühl ist, auch wenn es jeder anders empfindet.

Der kleine Unterschied zwischen Mädchen und Jungen

Mädchen und Jungen sehen unterschiedlich aus: Mädchen haben eine Scheide, Jungen ein Glied und einen Hodensack.
Das wissen Lara, Daniel und Tanni schon längst, denn schließlich baden sie zu Hause oft gemeinsam in der Badewanne. Und auch am Strand laufen sie gern nackt herum, weil sie sich dann so richtig frei und unbeschwert fühlen. Aber nicht nur sie – auch viele Erwachsene lieben es, sich die Sonne auf die nackte Haut scheinen zu lassen.
Daniel und Lara haben in dieser Sommerhitze immer Durst und trinken sehr viel. Oft müssen sie gerade dann auf die Toilette, wenn sie draußen sind und keine in der Nähe ist.
Dann sagt Mama: „Geht doch einfach hinter die Büsche."
Daniel stellt sich dann einfach hinter einen Baum, während sich Lara ins Gebüsch hockt. Daniel gibt gern damit an, daß er in einem hohen Bogen pinkeln und dabei sogar noch ziemlich genau zielen kann.
Lara hört gar nicht hin – sie findet es albern, daß ihr Bruder deswegen so große Sprüche macht.
Im Unterleib von Mädchen und Jungen befindet sich die Harnblase, die mit der Harnröhre verbunden ist. Bei Jungen führt die Harnröhre durch das Glied zu einer kleinen Öffnung an der Spitze des Gliedes, durch die der Urin den Körper verläßt. Bei Mädchen tritt der Urin durch die Harnöffnung aus, die zwischen den Schamlippen oberhalb der Scheidenöffnung liegt.

Warum sehen Erwachsene anders aus als Kinder?

Daniel, Lara und Tanni sitzen in ihrer Strandburg und schauen sich die vielen verschiedenen Menschen an, die sich am Strand einen Sonnenplatz gesucht haben. Da gibt es Leute, die noch ganz blaß sind, andere, die einen Sonnenbrand haben, und solche mit ganz brauner Haut. Und dann gibt es noch Große und Kleine, Dicke und Dünne. Der Strand wimmelt nur so von Kindern und Erwachsenen.

Lara fragt Tanni: „Meinst du, wir sehen auch mal so aus wie die Erwachsenen? Kannst du dir vorstellen, mal einen Busen zu haben?“ Weil Tanni den Kopf schüttelt, fragt Lara ihre Mutter, warum Erwachsene eigentlich anders aussehen als Kinder. Mutter sagt, daß jeder Mensch, wenn er ungefähr zehn Jahre alt ist, in die Pubertät kommt. Das bedeutet, daß sich der Körper dann stark zu verändern beginnt.

Während dieser Zeit entwickelt sich jedes Kind zu einem erwachsenen Menschen. Dann wird auch der Unterschied zwischen Mädchen und Jungen noch deutlicher.

So sehen Mädchen und Frauen aus

Rein äußerlich sehen sich Mädchen und Frauen weniger ähnlich als Jungen und Männer. Das liegt daran, daß erwachsene Frauen einen Busen haben und Mädchen noch keinen.
Die Scheide liegt im Inneren des Körpers. Die Scheidenöffnung befindet sich in der Spalte zwischen den Beinen. Sie wird durch die Schamlippen geschützt. Bei erwachsenen Frauen sind die äußeren Schamlippen mit Haaren bedeckt. Die Scheide ist der Kanal zur Gebärmutter.

Geschlechtsorgane von Mädchen und Frauen

Die Gebärmutter liegt im Körper etwas unterhalb des Bauchnabels. Sie sieht aus wie eine winzige Birne und ist innen hohl. Das ist die „Höhle" im Bauch der Frau, in der ein Baby wachsen kann.
Auf jeder Seite der Gebärmutter liegt ein Eierstock. Darin befinden sich die Eier. Sie sind von Geburt an vorhanden.
Bei Mädchen gibt es noch etwas, was man nicht gleich sieht. Das ist der Kitzler. Er liegt ebenfalls versteckt in der Spalte zwischen den Beinen oberhalb der Scheidenöffnung. Der Kitzler ist bei zarten Berührungen sehr empfindlich. Der Urin kommt aus einer anderen Öffnung, die zwischen dem Kitzler und der Scheidenöffnung liegt. Im Gegensatz zu Jungen setzen sich Mädchen hin, wenn sie mal „müssen".
Die Brust von Frauen beginnt in der Pubertät zu wachsen. Manche Brüste werden groß, andere bleiben eher klein. Viele Mädchen beginnen jetzt, einen Büstenhalter zu tragen. In den Brüsten befinden sich die Milchdrüsen. Dort wird die Milch gebildet, wenn eine Frau ein Baby bekommen hat.

So können sich Mädchen pflegen

Die Scheide kann sehr empfindlich sein. Da sie innerhalb des Körpers liegt, kann sie sich entzünden, wenn Keime, das sind Krankheitserreger, in sie gelangen. Das kann jucken, brennen, beim Urinieren weh tun oder mit Ausfluß verbunden sein. Deshalb sollten sich Mädchen, wenn sie auf der Toilette sind, sich von vorn nach hinten mit Toilettenpapier abwischen. So vermeidet man, daß Keime aus dem Darm in die Scheide aufsteigen.
Die Scheide kann sich aber auch selbst reinigen.
In der Scheide leben viele Bakterien. Wenn eine

Frau mit einem Mann schläft, kommen weitere Bakterien dazu.
Viele Bakterien sind sehr nützlich. So sorgen zum Beispiel die Milchsäurebakterien dafür, daß die Feuchtigkeit in der Scheide immer leicht sauer ist. Krankheitserreger oder Pilze können sich dann nicht so schnell vermehren. Auch auf der Haut leben Bakterien, die Krankheitserreger vernichten. Natürlich kann man bei der Körperpflege auch zuviel des Guten tun und sich zu oft waschen. Dadurch wird die natürliche Selbstreinigung aber zerstört. Und man muß sich ja auch nicht so schrubben, daß man gar nicht mehr nach sich selbst riecht. Am besten ist es, wenn man sich morgens und abends mit viel Wasser wäscht. Auf Seife kann man dabei verzichten. Eine milde Waschlotion eignet sich besser.

So können sich Jungen pflegen

Auch Jungen sollen sich gründlich waschen. Also gilt auch für sie die Regel, sich morgens und abends Glied und Hoden mit viel lauwarmem Wasser zu waschen.
Dabei soll auf jeden Fall die Vorhaut zurückgeschoben und das Glied darunter gereinigt werden.

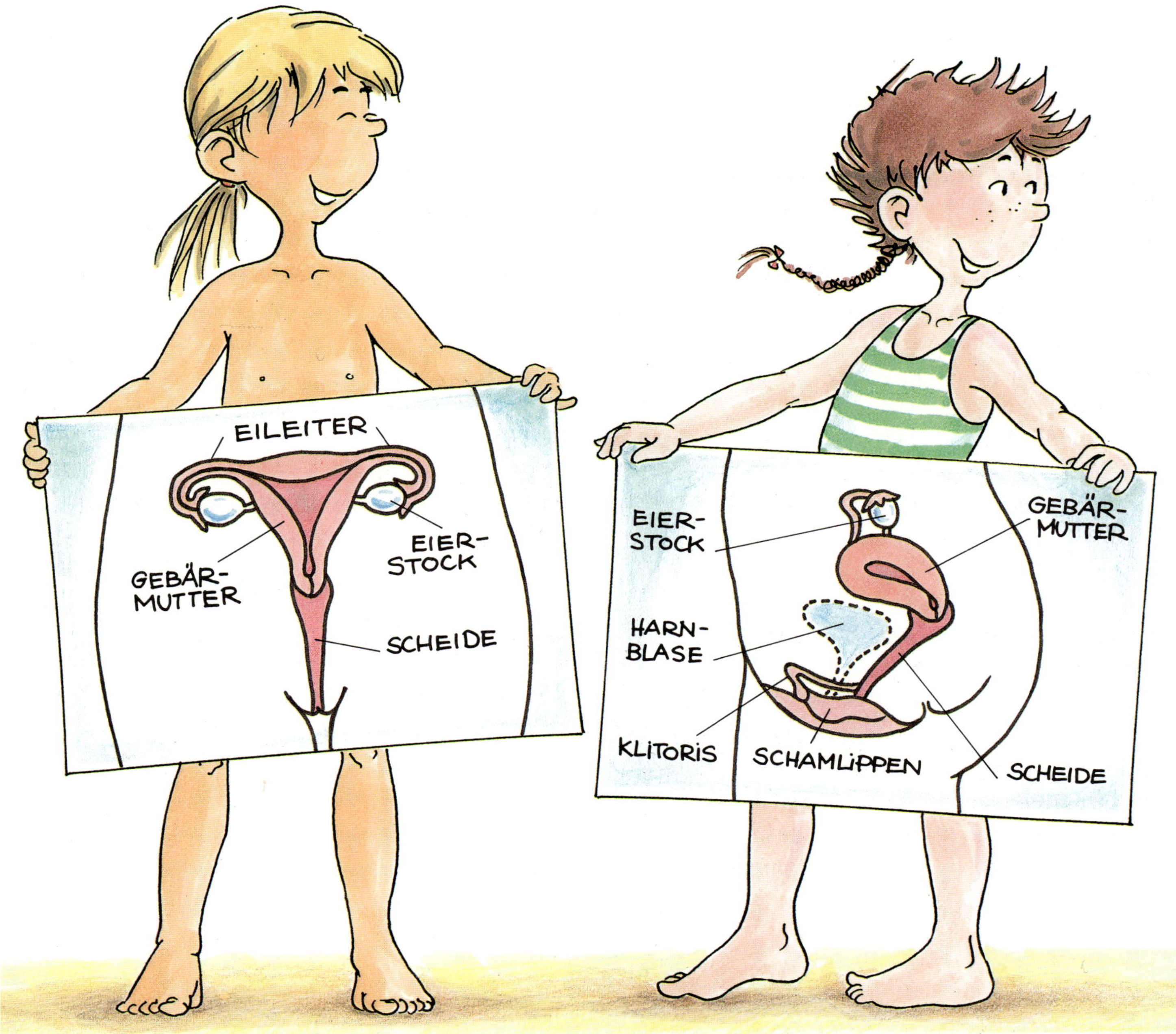

So sehen Jungen und Männer aus

Jungen haben ein Glied. Unter dem Glied befindet sich ein kleiner Beutel, der Hodensack. Darin sind die Hoden, sie fühlen sich an wie zwei kleine Kugeln. Im Hoden wachsen die Samen. So etwa in Tims Alter werden die ersten Samen gebildet.

Geschlechtsorgane von Jungen und Männern

Glied und Hodensack hängen zwischen den Beinen. Das Glied besteht aus Schaft und Eichel. Der Schaft ist am Körper festgewachsen. Die Eichel ist die Spitze des Gliedes. Sie liegt gut geschützt unter der Vorhaut. Die Eichel ist von feinen Nervenenden durchzogen und ganz besonders empfindlich. Wenn sie zart berührt wird, kann das sehr angenehm sein. Wird sie geschlagen, getreten oder gestoßen – etwa beim Fußballspielen – tut das sehr weh. Manchmal füllt sich das Glied mit Blut, schwillt an und wird steif. Das nennt man eine Erektion. Sie kann mit schönen Gefühlen verbunden sein. Fließt das Blut in den Körper zurück, wird das Glied wieder klein und weich.

An der Spitze der Eichel befindet sich eine kleine Öffnung, durch die der Urin herauskommt. Auch die Samenflüssigkeit verläßt den Körper durch dieses Löchlein. Urin kommt aus der Blase, Samen aus dem Hoden. Sie kommen aber niemals zusammen heraus.

Die Hoden befinden sich außerhalb des Körpers, weil es im Körper zu warm für die Samen ist. Dort würden sie absterben. Der Körper steuert die richtige Temperatur aber auch selbst. Wenn es sehr kalt ist, ziehen sich die Muskeln im Hodensack zusammen. Dadurch kommen die Hoden dichter an den

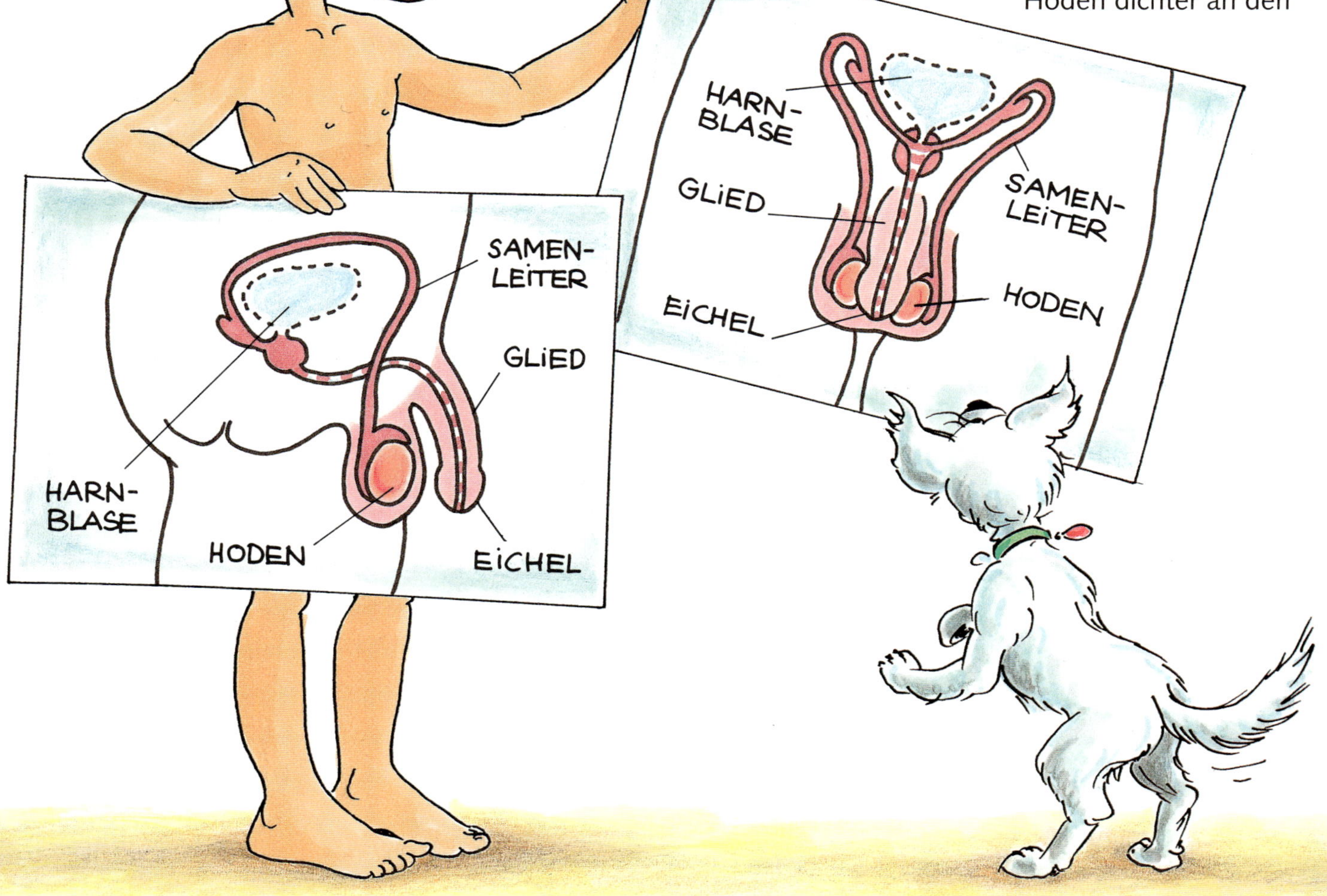

Körper heran und bekommen mehr Wärme. Das kann jeder Junge bei sich selbst beobachten, wenn er in kaltem Wasser badet. Ist es warm, dehnt sich der Hodensack aus, und die Hoden entfernen sich wieder etwas vom Körper.

So nennt man die Geschlechtsorgane

Für die Geschlechtsorgane gibt es verschiedene Namen. Zu Hause verwendet man oft andere Wörter dafür als in der Schule. Dort werden Scheide und Glied „Vagina" und „Penis" genannt. Bei Lara und Daniel sagt man daheim zum Glied „Schwanz", und die Scheide heißt „Muschi". Viele Familien oder Paare erfinden eigene Namen für die Geschlechtsorgane.

Den eigenen Körper erkunden

Kinder sind neugierig auf ihren eigenen Körper und wollen wissen, wie andere Kinder aussehen. Sie wollen sie anfassen, auch am Po, am Glied oder an der Scheide. Viele Kinder spielen deshalb gern Doktor oder Krankenhaus oder Kinderkriegen. Dann müssen sich die „Patienten" ausziehen. Dann kann man sie in aller Ruhe anschauen.

Allerdings mögen es viele Eltern und Erwachsene gar nicht, wenn ihre Kinder Doktor spielen und sich gegenseitig untersuchen. Manche verbieten es ihren Kindern. Manchmal dürfen Kinder deswegen auch nicht mehr miteinander spielen. Die Eltern von Lara und Daniel finden Doktorspielen nicht schlimm. Sie haben aber gesagt, daß sie das nur zu Hause spielen sollen. Jetzt haben sich die Kinder einen Operationssaal unter dem Tisch im Kinderzimmer eingerichtet.

Die Eltern haben die Kinder ermahnt, sich nichts in die Körperöffnungen zu stecken. Damit kann man sich weh tun und sich verletzen. Also zum Beispiel keine Murmel in die Nase, keinen Radiergummi ins Ohr und keinen Bleistift in den Po. Überhaupt sollen sie sich nicht gegenseitig weh tun, haben die Erwachsenen gemeint. Aber das wollen die Kinder ja auch gar nicht.

Einfach tierisch

Bei fast allen Tierarten sehen Männchen und Weibchen unterschiedlich aus. Bei den Säugetieren haben die Männchen ein Glied und die Weibchen eine Scheide. Genau wie die Menschen pflanzen sich die Säugetiere fort, indem das Männchen seinen Samen in die Scheide des Weibchens spritzt.

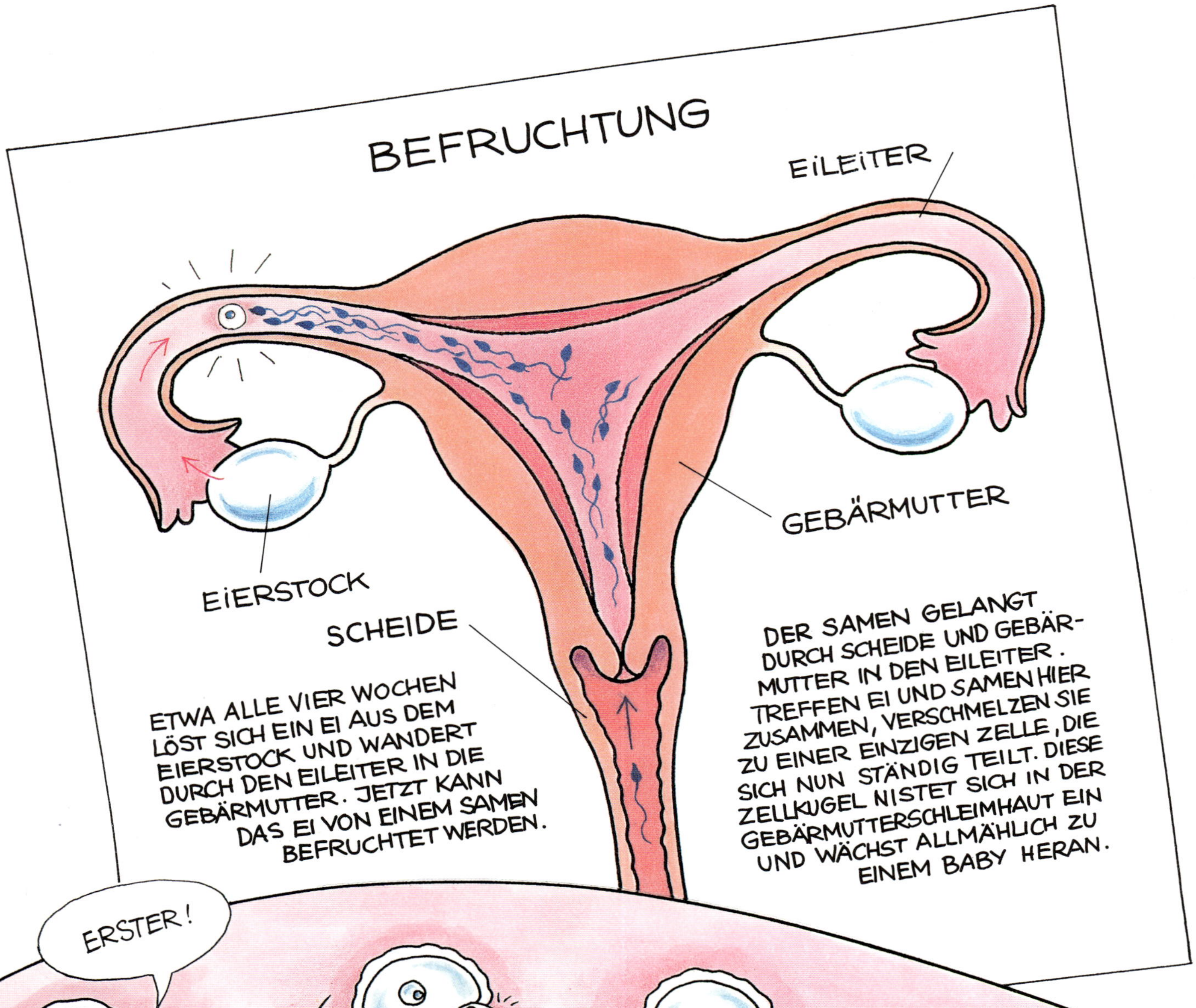

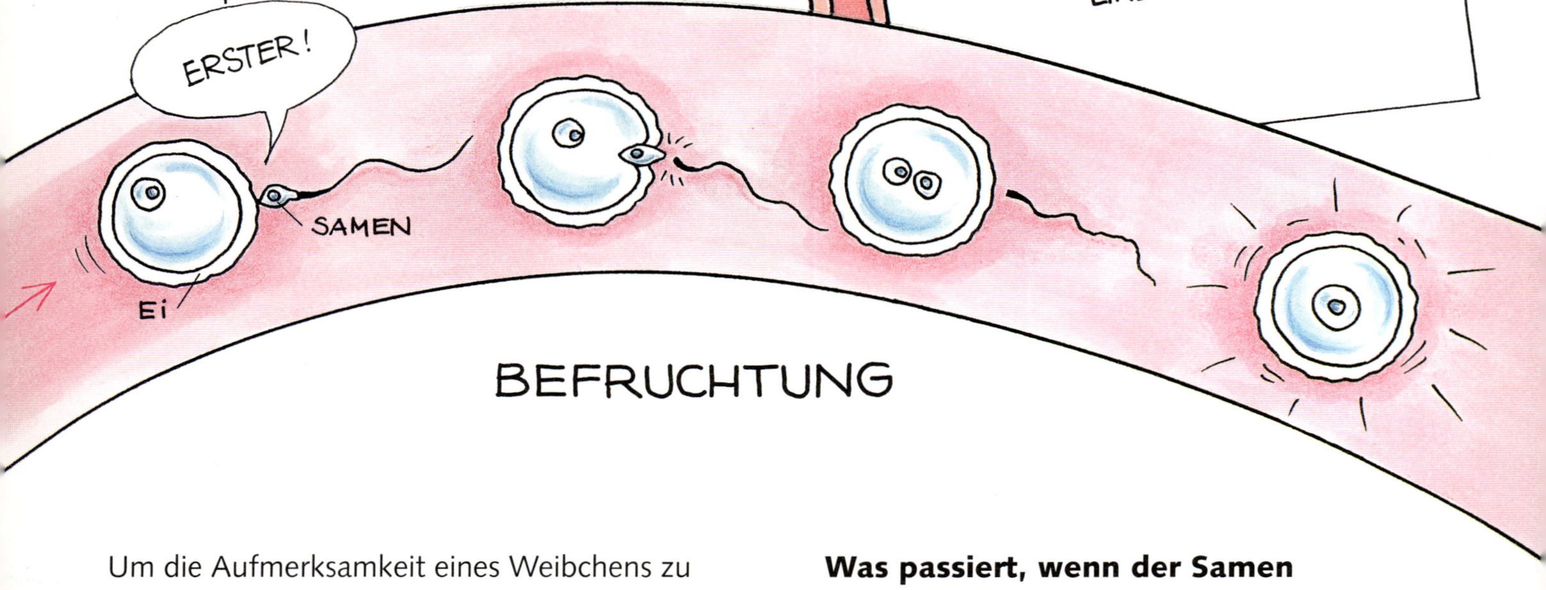

Um die Aufmerksamkeit eines Weibchens zu erregen, werben oder kämpfen die erwachsenen Männchen um sie und setzen alle Mittel ein, um die Weibchen zu beeindrucken. Der Pfau zum Beispiel schlägt mit seinen farbigen Federn ein Rad und der Auerhahn bläht sich zu einem stolzen Vogel auf.
Das ist so ähnlich, wie wenn Tim jetzt stundenlang vor dem Spiegel steht, um den gleichaltrigen Mädchen am Strand zu gefallen.

Was passiert, wenn der Samen im Bauch ist

Wenn der Mann seine Samenflüssigkeit in die Scheide der Frau gespritzt hat, beginnt dort ein richtiges „Wettrennen". Jetzt schwimmen Millionen von Samen zum Ei. Im Vergleich zum einzelnen Samen ist das Ei riesig. Wenn man den Samen mit einem Sandkörnchen am Strand vergleicht, ist das Ei so groß wie ein Wasserball.

Die Samen haben alle einen Kopf und einen Schwanz. Sie sehen beinahe aus wie kleine Kaulquappen. Der Schwanz bewegt sich wie ein Propeller, damit der Samen schneller zum Ei gelangt. Nur der schnellste Samen kann mit dem Ei verschmelzen.

So wird aus einem Ei ein Baby

Wenn der Samen das Ei trifft, verschmelzen sie miteinander: Der Samen geht in das Ei hinein. Das nennt man Befruchtung. Sobald ein Samen im Ei ist, können keine weiteren Samen eindringen. Ei und Samen vereinigen sich zu einer einzigen Zelle. Die Zelle teilt sich nun unaufhörlich in lauter kleine Zellen: erst sind es zwei, dann vier, dann acht Zellen. Die Teilung geht so lange weiter, bis schließlich das ganze Baby daraus entstanden ist.
Das befruchtete Ei wächst also unglaublich schnell. Dabei wandert es in die Gebärmutter. Hier ist inzwischen eine Art „Eibett“ entstanden, in das sich das Ei einnistet. Es wächst immer mehr und entwickelt sich langsam zu einem Baby. Je größer das Kind wird, desto runder wird der Bauch der Mutter. In der Mitte der Schwangerschaft wächst der Bauch am stärksten.
So wie der Bauch von Laras und Daniels Mutter, der auch schon eine kleine Wölbung hat, was man im Badeanzug erst richtig sieht. Aber das interessiert die Kinder jetzt gar nicht mehr. Sie haben sich nämlich ein neues Spiel ausgedacht: das Samenwettrennen. Sie stürmen aus der Sandburg und graben mit ihren Schaufeln im Sand einen Kanal. Das soll die Scheide sein. Oben im Kanal liegt Tims Ball. Der ist das Ei. Die Kinder kriechen durch den Sand zum Ball. Sie sind die Samen. Der Schnellste soll den Ball ins Wasser werfen. Aber am Ende gibt es gar keinen Sieger. Nur ein Knäuel von Kindern, die sich kichernd im Sand wälzen.

Woran eine Frau merkt, daß sie schwanger ist

Viele werdende Mütter sagen, daß sie schon bald, nachdem sie mit ihrem Mann geschlafen haben, wußten, daß sie schwanger sind. Das erste körperliche Anzeichen für eine Schwangerschaft ist das Ausbleiben der Monatsblutung.
Bei vielen Frauen verändert sich in den ersten drei Monaten der Schwangerschaft der Geruchssinn. Sie können bestimmte Gerüche nicht ertragen oder mögen manche Speisen gar nicht mehr essen. Einige Schwangere erzählen, daß sie als erstes einen merkwürdigen Geschmack im Mund hatten. Manche Frauen bekommen mit der Schwangerschaft ganz ungewohnte Eßgelüste. Zum Beispiel essen sie gern Torte und gleich danach saure Gurken. Fast alle Frauen erzählen, daß sie sich am Anfang der Schwangerschaft müde und abgespannt gefühlt haben. Vielen wird in den ersten drei Monaten morgens übel. Manchmal tun den werdenden Müttern auch die Brüste weh. Die Brüste schwellen an und können bei Berührung schmerzen. All das liegt daran, daß sich der Körper erst auf die Schwangerschaft einstellen muß.

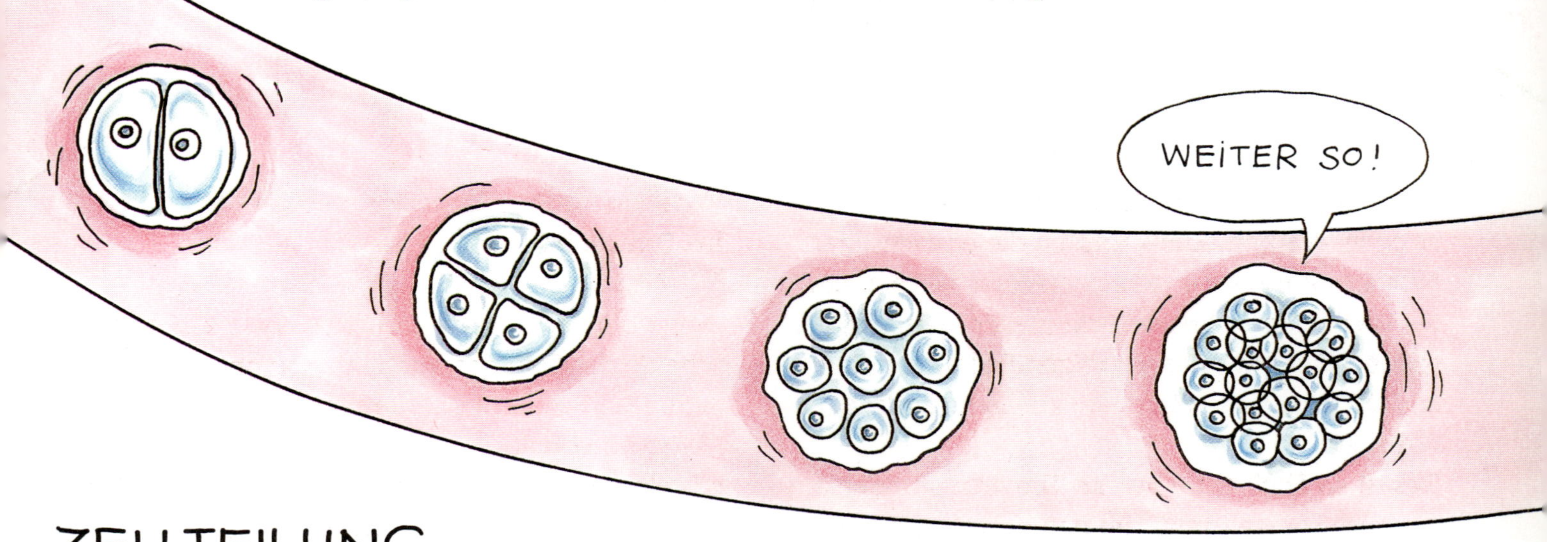

ZELLTEILUNG

Was bedeutet „zusammen schlafen"?

Lara, Daniel und Tanni überlegen sich, was den Erwachsenen am Zusammen-Schlafen so gut gefällt. Sie sitzen am Strand in Wasserpfützen und lassen sich von den Wellen umspülen. Immer wenn das Wasser kommt, kitzelt es so schön am Po und an den Beinen. Das ist ein lustiges und angenehmes Gefühl.
Im Fernsehen haben die Kinder schon gesehen, wie sich Erwachsene miteinander im Bett herumwälzen und sich dabei ganz seltsam benehmen. Ihren Eltern ist das immer etwas peinlich. Die Kinder schauen zwar manchmal neugierig hin, finden das Ganze aber eher langweilig.
Zusammen schlafen ist etwas, das einem Paar Lust bereitet. Manchmal stöhnen die beiden dabei oder atmen laut, sie bewegen sich heftig oder wälzen sich herum. Die meisten Paare nehmen sich ganz fest in die Arme. Oft liegt der Mann auf der Frau. Aber sie können auch alles andere tun und lassen, wenn sie beide Freude daran haben.

Muß man dazu heiraten?

Die meisten Menschen schlafen miteinander, weil sie sich lieben. Liebe ist ein warmes Gefühl einem anderen Menschen gegenüber. Für eine Familie bedeutet Liebe, daß man sich geborgen fühlt und

zusammenhält. Eltern lieben ihre Kinder, Kinder ihre Eltern, ihre Großeltern, Verwandte und Freunde. Und natürlich lieben Kinder ihre Tiere und ihr Spielzeug.
Wenn eine Frau und ein Mann ein Paar sind und sich lieben, wollen sie auch miteinander schlafen und vielleicht irgendwann Kinder bekommen. Es gibt aber noch andere Gründe, warum Menschen miteinander schlafen: Lust, Vergnügen, mit dem anderen ganz eng zusammensein wollen, weil man es im Film gesehen hat, weil es alle anderen auch tun, zur Versöhnung nach einem Streit oder weil man einem Menschen so zeigen möchte, wie sehr man ihn liebt.
Fast alle erwachsenen Paare, die sich lieben, schlafen zusammen. Man muß dazu aber nicht verheiratet sein. Zusammen schlafen geht sogar ohne Liebe. Am schönsten ist es aber, wenn sich zwei Menschen richtig liebhaben, einander vertrauen können und sich nicht mehr fremd sind.

Mama und Papa wollen allein sein – haben sie uns nicht mehr lieb?

Auch die Eltern von Lara und Daniel haben sich lieb. Oft wollen sie dann auch mal allein sein. Ohne ihre Kinder. Sie wollen miteinander lachen und reden, sich erzählen, was sie erlebt haben oder welche Sorgen sie haben. Die Eltern wollen auch mal abends allein ausgehen oder ein paar Tage zusammen verreisen. Und sie schlafen zusammen. Auch Eltern brauchen Zeit ohne ihre Kinder.
Für Kinder ist das oft schwer zu verstehen, weil sie am liebsten immer mit ihren Eltern zusammensein wollen. Manchmal werden sie weggeschickt, müssen früh ins Bett oder auf ihre kleinen Geschwister aufpassen. Oder sie dürfen nicht wie sonst zu den Eltern ins Bett kommen und kuscheln. Manche Kinder fühlen sich dann unerwünscht und überflüssig. Daniel hat auch schon mal gedacht, daß ihn seine Eltern nicht mehr liebhaben. Jetzt weiß er, daß seine Eltern einfach ab und zu allein sein wollen.

Lara, Daniel und Tanni verabreden, daß sie alles anders machen werden, wenn sie groß sind. Sie glauben, daß ihnen zusammen schlafen bestimmt keinen Spaß machen wird. Sie finden auch, Kinder sollten immer bei ihren Eltern schlafen dürfen. Das Bett, sagt Tanni, ist für Kissenschlachten da und für sonst nichts. Na ja, und zum Schlafen eben.

Mögen Leute ohne Kinder keine Kinder?

„Wenn Mann und Frau so gern miteinander schlafen, dann müßte es doch viel mehr Babys geben?" überlegt Lara. Aber Kinder kann man auch „verhüten", haben die Kinder von den Erwachsenen gehört. Das können sie sich überhaupt nicht vorstellen. „Man kann doch keine Menschen verhüten", sagt Tanni.
Wenn eine Frau und ein Mann zusammen schlafen, wollen sie nicht jedesmal ein Kind bekommen. Das kann aus den unterschiedlichsten Gründen so sein.
Vielleicht haben sie schon ein Kind, um das sie sich richtig kümmern wollen. Oder sie haben nicht genügend Platz für ein weiteres Kind. Manchmal wollen Eltern auch erst später ein zweites Kind, wenn das erste schon ein wenig größer ist.
Jüngere Paare wollen das Kinderkriegen auch aufschieben, bis beide einen Beruf haben oder mehr Geld verdienen. Oder sie fühlen sich noch nicht reif genug dafür.
Wenn Paare im Moment kein Baby haben wollen, heißt das jedoch nicht, daß sie nicht irgendwann Kinder haben wollen oder Kinder nicht mögen.
Manche Paare können aber auch keine Kinder bekommen.
Solange ein Paar kein Kind haben will, muß es etwas tun, damit Samen und Ei nicht miteinander

Zusammen-Schlafen von einem Menschen auf den anderen übertragen werden können, wenn man sich nicht mit einem Kondom schützt.
Seit geraumer Zeit macht eine Krankheit besonders von sich reden. Sie heißt „Aids“ und ist eine Schwäche der Krankheitsabwehr des Körpers. Ein gesunder Mensch wird durch sein Abwehrsystem vor dem Ausbruch von Krankheiten geschützt. Nach Ausbruch von Aids kann der Körper keine Krankheitserreger mehr abtöten. Jede Grippe kann zu einer Gefahr werden. Fast jede Familie kennt heute jemanden, der Aids hat. Die kranken Menschen brauchen viel Hilfe, Zuwendung und Verständnis von allen Seiten.

verschmelzen können. Dafür gibt es heute „Verhütungsmittel“. Die bekanntesten sind die Pille und das Kondom.

So verhütet man, daß Ei und Samen verschmelzen können

Die Pille ist eine Tablette, die täglich eingenommen werden muß. Sie sorgt dafür, daß bei der Frau alle Eier im Eierstock bleiben. Sie wandern dann nicht in die Gebärmutter und können nicht befruchtet werden.
Das Kondom ist eine Plastik„mütze“ für das Glied. Es wird einfach darübergerollt, wenn das Glied steif ist. Die Samen werden in dem Mützchen aufgefangen, damit sie nicht zum Ei schwimmen können.

Ein Kondom kann schützen!

Das Kondom verhütet auch, daß Krankheiten von einem Menschen zum anderen gelangen können. Es gibt bestimmte Krankheitserreger, die sich am Glied, in der Samenflüssigkeit oder in der Scheide befinden und beim

Wie ist das, wenn man größer wird?

Lara, Tanni, Daniel und Tobi kommen von einem ihrer stundenlangen Erkundungszüge am Strand zurück. Die Kinder tuscheln eifrig miteinander. Sie haben nämlich etwas entdeckt, was sie höchst aufregend finden: Tim ist in das Mädchen vom Eiscafé verknallt!
Schon seit ein paar Tagen spionieren die Kinder heimlich hinter den beiden her. Ganz oft haben die beiden sich getroffen, aber kaum miteinander geredet. Nur immer angeguckt. Und Tim ist meist ganz rot geworden. „Total abgedreht ist der! Bestimmt knutschen die auch, wenn die mal allein sind!" hat Lara geflüstert.
Daniel schüttelt sich. „Küssen ist doch schrecklich. Ich glaub, wenn man älter wird, wird man ganz schön komisch." Tanni und Lara nicken. Sie würden sich bestimmt nie so benehmen wie Tim und seine Freundin. „Und nicht immer so gucken wie eine Kuh, wenn's donnert", meint Tanni.
Wenn Kinder sich körperlich und seelisch stärker zu verändern beginnen, kommen sie in die „Pubertät". Die Pubertät ist die Zeit, in der ein Mensch erwachsen wird. Sie beginnt bei Kindern im Alter von etwa zehn Jahren.
Die wichtigste Veränderung ist die Entwicklung der Geschlechtsorgane, die sogenannte Geschlechtsreife. Das bedeutet, daß ein Mädchen Mutter und ein Junge Vater werden könnte. Auch die Interessen verändern sich.
Tim hat zum Beispiel bis vor kurzem noch mit den Kindern gespielt. Jetzt hat er aber keine Lust mehr darauf und guckt lieber Mädchen hinterher. Und das, obwohl er Mädchen bis vor kurzem überhaupt nicht leiden konnte.

Während der Pubertät gibt es viele neue Dinge zu entdecken. Viele Kinder verlieben sich zum ersten Mal richtig – so wie Tim.
Ihm ist ständig heiß und kalt, wenn er an das Mädchen vom Eiscafé denkt. Und wenn er sie sieht, klopft sein Herz schneller. Er kann nur noch an sie denken und hört gar nicht hin, wenn seine Mutter oder die anderen ihm etwas sagen. Oft sitzt er nun mit dem Rücken an die Sandburg gelehnt und starrt einfach vor sich hin.
Er träumt davon, wie er das Mädchen vom Eiscafé in den Arm nimmt, sie küßt und zärtlich streichelt. Und auch davon, wie es wohl ist, mit einem Mädchen zu schlafen. Das stellt er sich sehr schön vor, gleichzeitig hat er aber auch ein bißchen Angst davor. Was Mädchen wohl dabei empfinden? Ob sie davor auch aufgeregt sind?

Tim will auf alle Fälle noch damit warten, bis er etwas älter ist. Denn er findet, daß man sich schon etwas besser kennen sollte, bevor man sich so nahe kommt.
Wann sind Jugendliche alt genug für „das erste Mal"? Darauf gibt es keine allgemeingültige Antwort. Denn jeder Mensch hat sein eigenes Entwicklungstempo, also auch in der Sexualität.

Wie sich der Körper eines Mädchens verändert

Wenn ein Mädchen in die Pubertät kommt, beginnt als erstes die Brust zu wachsen. Es bekommt also einen Busen. Darin wird später die Milch gebildet, um ein Baby stillen zu können. Die meisten

DIE MENSTRUATION

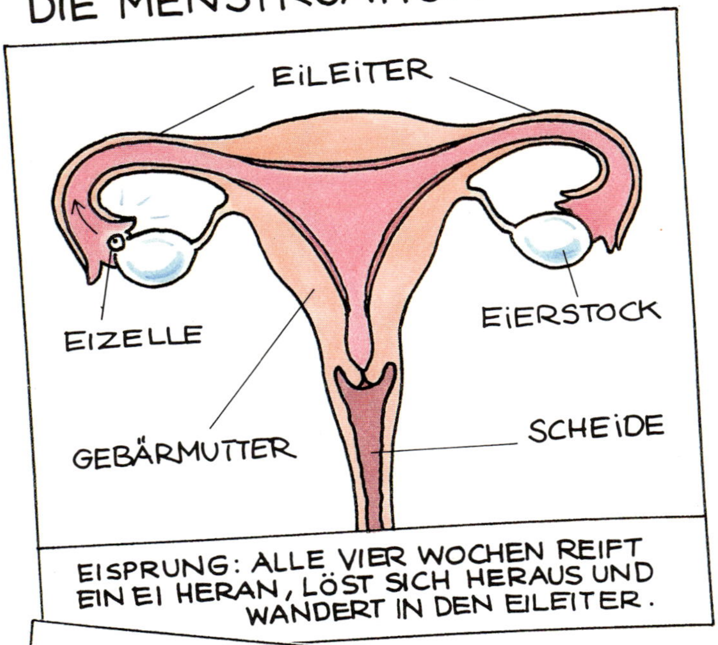

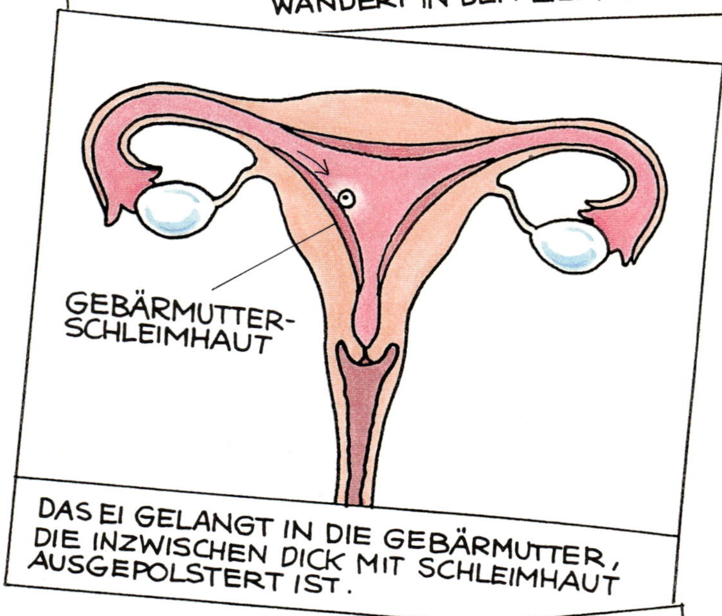

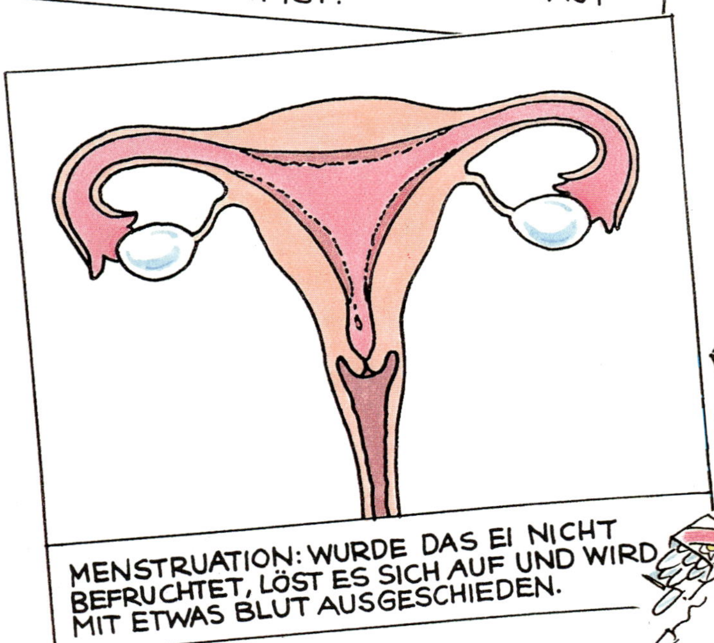

Mädchen stellen ungefähr mit elf Jahren fest, daß ihre Brust größer wird und daß unter den Armen und an der Schamspalte Haare wachsen.
Auch die Eierstöcke fangen jetzt an zu „arbeiten". Das kann auch Auswirkungen auf die Stimmung der Mädchen haben: mal sind sie gut gelaunt, dann wieder tieftraurig.
In den Eierstöcken sind von Geburt an etwa 400 000 Eianlagen vorhanden. Wenn ein Mädchen erwachsen wird, reift ungefähr alle vier Wochen ein Ei heran. Diesen regelmäßigen Vorgang nennt man „Monatszyklus".
Ist ein Ei ausgereift, löst es sich aus dem Eierstock und gelangt in den Eileiter. Das nennt man „Eisprung". Das Ei wandert durch den Eileiter in die Gebärmutter. Diese „Reise" dauert etwa vier Tage. Auf diesem Weg kann die Eizelle durch den Samen eines Mannes befruchtet werden.

In der gleichen Zeit hat sich die Gebärmutter mit Schleimhaut ausgepolstert. Dort nistet sich das von einem Samen befruchtete Ei ein. In der Gebärmutter wächst das Baby heran.
Wird das Ei aber nicht befruchtet, zum Beispiel weil die Frau nicht mit einem Mann geschlafen hat, löst es sich auf. Zusammen mit der Schleimhaut und etwas Blut wird es durch die Scheide ausgeschieden. Diese Blutung wird auch Periode, Menstruation oder Regel genannt und kann sich mit Bauchweh ankündigen. Die Blutung selbst ist schmerzlos.
Mädchen und Frauen legen sich während der Regel eine Binde in die Unterhose oder führen einen Tampon in die Scheide ein. Damit fangen sie das Blut auf. Sie können sich so bewegen wie immer und alles tun, was ihnen Spaß macht: Sport treiben, tanzen oder herumtoben. Da sich die Regel alle vier Wochen wiederholt und einige Tage dauert, gehört sie für ein Mädchen von der Pubertät an zum alltäglichen Leben.
Die erste Regel ist ein Ereignis, auf das Mädchen oft sehr stolz sind. Etwa zwischen dem 9. und dem 16. Lebensjahr bekommen sie zum ersten Mal ihre Blutung. Das ist von Mädchen zu Mädchen ganz unterschiedlich. Die Menstruation kündigt sich aber fast immer durch einen weißlichen Ausfluß aus der Scheide an. Ein Mädchen, das diesen Weißfluß bei sich feststellt, kann in den nächsten Monaten mit „dem großen Ereignis" rechnen und sich langsam darauf vorbereiten.
Mit dem Einsetzen der Periode gehört ein Mädchen zu den Frauen. In manchen Ländern der Erde wird die erste Blutung deshalb mit einem Fest gefeiert, zum Beispiel in Indien, in Afrika und bei verschiedenen Indianerstämmen.

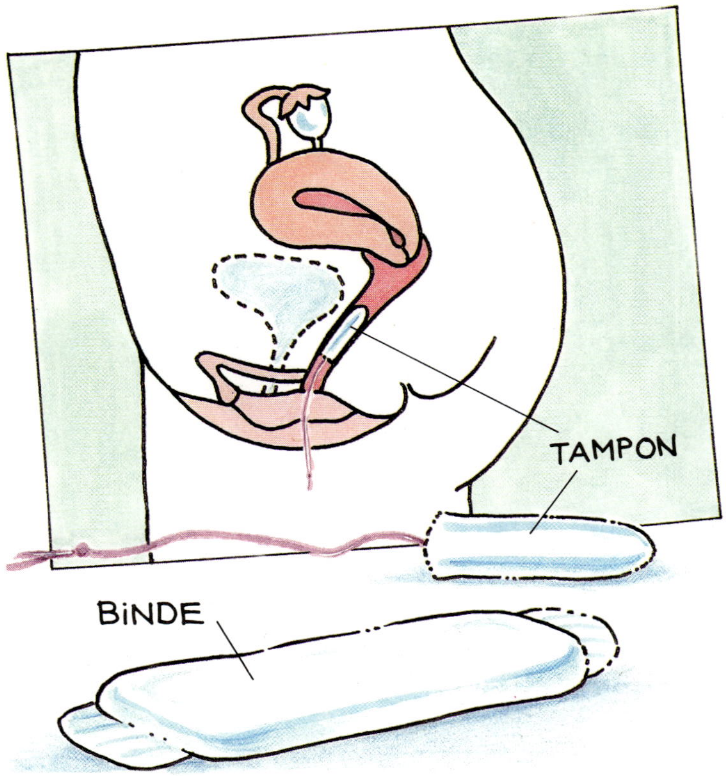

Wie sich der Körper eines Jungen verändert

Bei einem Jungen fängt in der Pubertät die Samenentwicklung in den Hoden an. Das beginnt ungefähr mit zehn Jahren, ist aber von Junge zu Junge verschieden. Ein Junge bemerkt als erstes, daß seine Hoden und sein Glied größer werden.
Dann kommt der Stimmbruch. Das heißt, seine Stimme wird allmählich tiefer, weil die Stimmbänder wachsen. Bis sie ausgewachsen sind, kann die Stimme auch ganz hoch sein. Der Bart fängt an zu sprießen, und am ganzen Körper wachsen Haare, auch um das Glied herum.
In den Hoden herrscht jetzt „Hochbetrieb", denn nun beginnen sich die Samen zu bilden. Es dauert rund zwei Monate, bis ein Samen ausgereift ist. Es sind immer Millionen von Samen in den Hoden. Die Samen können aus dem Glied herauskommen, wenn der Junge erregt ist oder sich zu viele Samen in den Hoden angesammelt haben. Das nennt man Samenerguß. Vom ersten Samenerguß an könnte ein Junge Vater werden. In der Pubertät haben alle Jungen oft Gliedversteifungen.

Wenn Kinder erwachsen werden

Zum Erwachsenwerden gehört auch, daß man immer selbständiger wird. Man möchte nicht mehr soviel mit der Familie unternehmen, sondern mehr mit Freundinnen und Freunden zusammen sein. Mädchen und Jungen in der Pubertät können

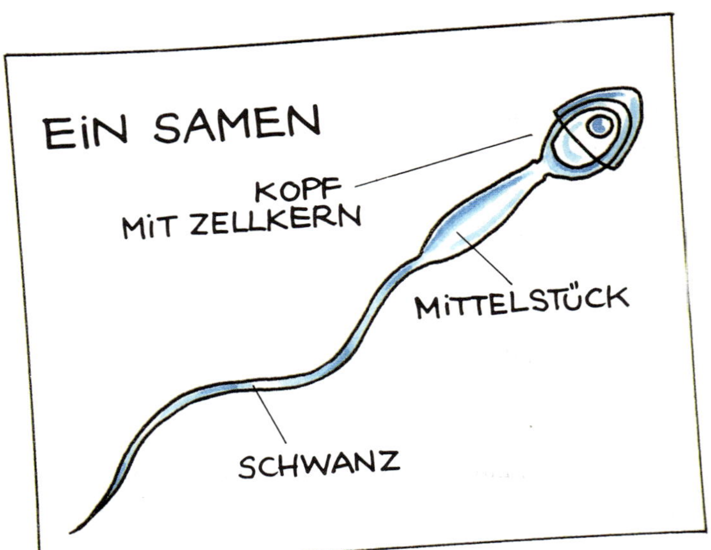

manchmal ziemlich anstrengend sein, weil sie oft launisch und unberechenbar sind. Das hängt mit den körperlichen und seelischen Entwicklungen zusammen. Wer ältere Geschwister hat, weiß, daß man nun viel öfter mit ihnen Krach bekommt.

Jeder ist anders

Jedes Kind entwickelt sich auf seine ganz eigene Art. Kinder wachsen zum Beispiel unterschiedlich schnell. Es gibt große Kinder und kleine, manche sind dick, andere sind dünn, manche sprechen viel, andere wenig, es gibt sehr temperamentvolle Kinder und solche, die eher in sich gekehrt sind. Manche Kinder spielen lieber draußen, andere lieber drinnen, manche schmusen und kuscheln gerne, andere mögen lieber in Ruhe gelassen werden. Auch die Pubertät ist bei jedem anders. Es kann zum Beispiel sein, daß bei zwei gleichaltrigen Freundinnen eine schon in der Pubertät ist, während die andere vielleicht noch am Beginn ihrer körperlichen Entwicklung steht.

Woran man die Pubertät merkt

- Bei Mädchen:
  Die Brust wächst.
  Die Schamspalte wächst.
  Die erste Regel setzt ein.

- Bei Jungen:
  Hoden und Glied werden größer.
  Es kommt zu ersten Samenergüssen.
  Bei Jungen wird die Stimme erst kieksig, dann tiefer.
  Der Bart beginnt zu wachsen.

- Bei Mädchen und Jungen:
  Sie schießen in die Höhe.
  Arme und Beine werden länger, die Wirbelsäule wächst.
  Das Gesicht verändert sich.
  Die Scham- und Achselhaare wachsen.

Was machen Babys im Bauch?

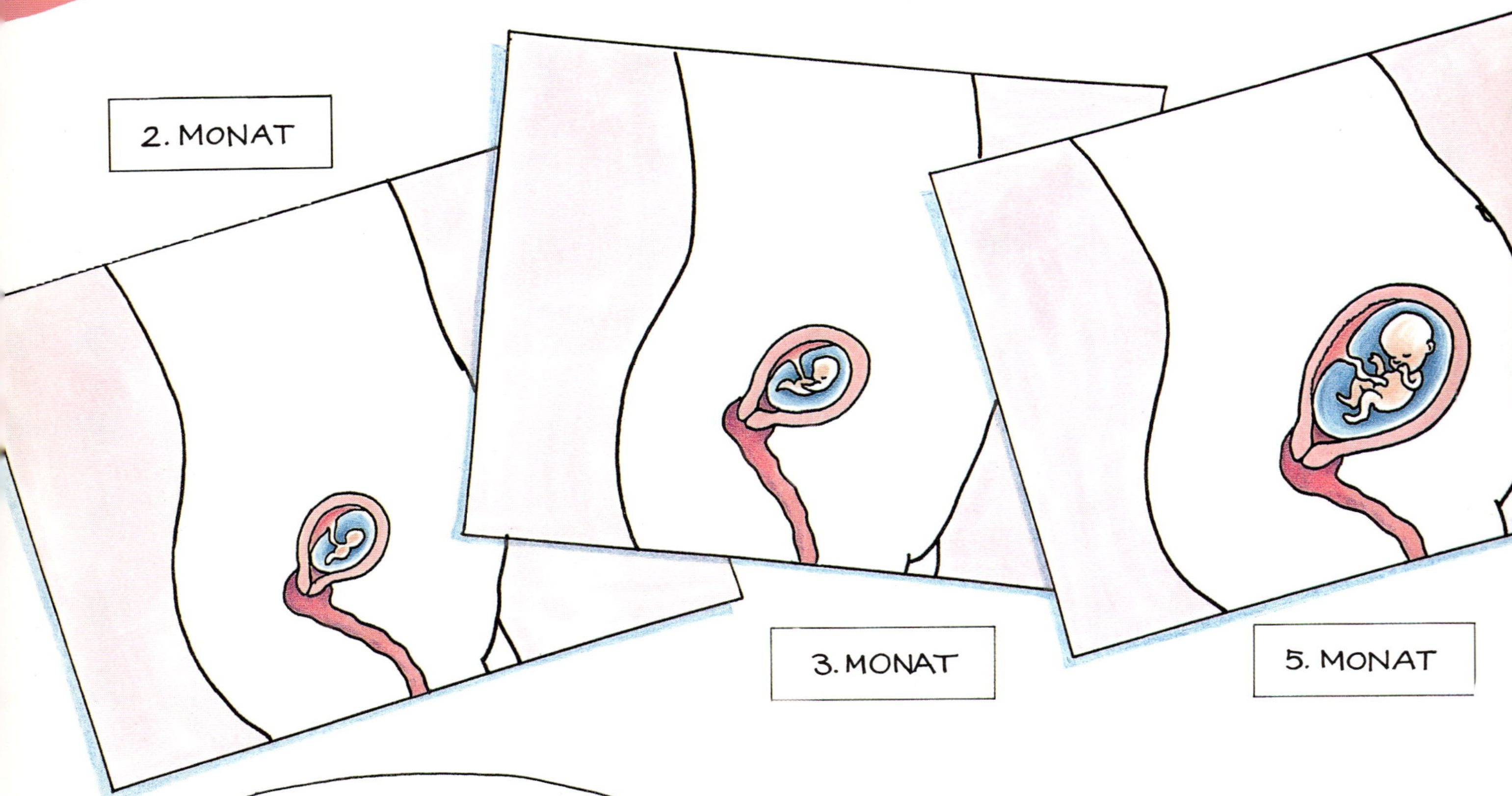

Die Ferien gehen zu Ende. Die Kinder haben viel erlebt, doch sie freuen sich auch wieder auf zu Hause, auf ihre Spielsachen und ein bißchen auch auf die Schule. Und außerdem freuen sich Lara und Daniel immer mehr auf ihr Böhnchen. Ihre Mama ist während der Ferien immer runder geworden. Sie hat sich deshalb ein paar neue Sachen zum Anziehen gekauft, damit ihr Bauch besser Platz hat.

Lara und Daniel sprechen oft von ihrem Baby. Was für ein Mensch Böhnchen wohl wird? Ob es sie stört? Ob es Spaß macht, mit ihm zu spielen? Ob die Eltern es lieberhaben? Die Kinder überlegen sich, wo das Baby schlafen soll und was sie ihm von ihren Spielsachen abgeben wollen.

Im Bauch von Mama hat sich in den letzten Tagen zum ersten Mal etwas geregt. Die Kinder durften die Hand darauf legen. Da haben sie ganz zarte Bewegungen von innen gespürt. Daniel hat schon ein paarmal mit dem Ohr am Bauch gehorcht und sich mit Böhnchen unterhalten. Er hat ihm erzählt, was alles passiert ist und daß sie sich freuen. Er hat

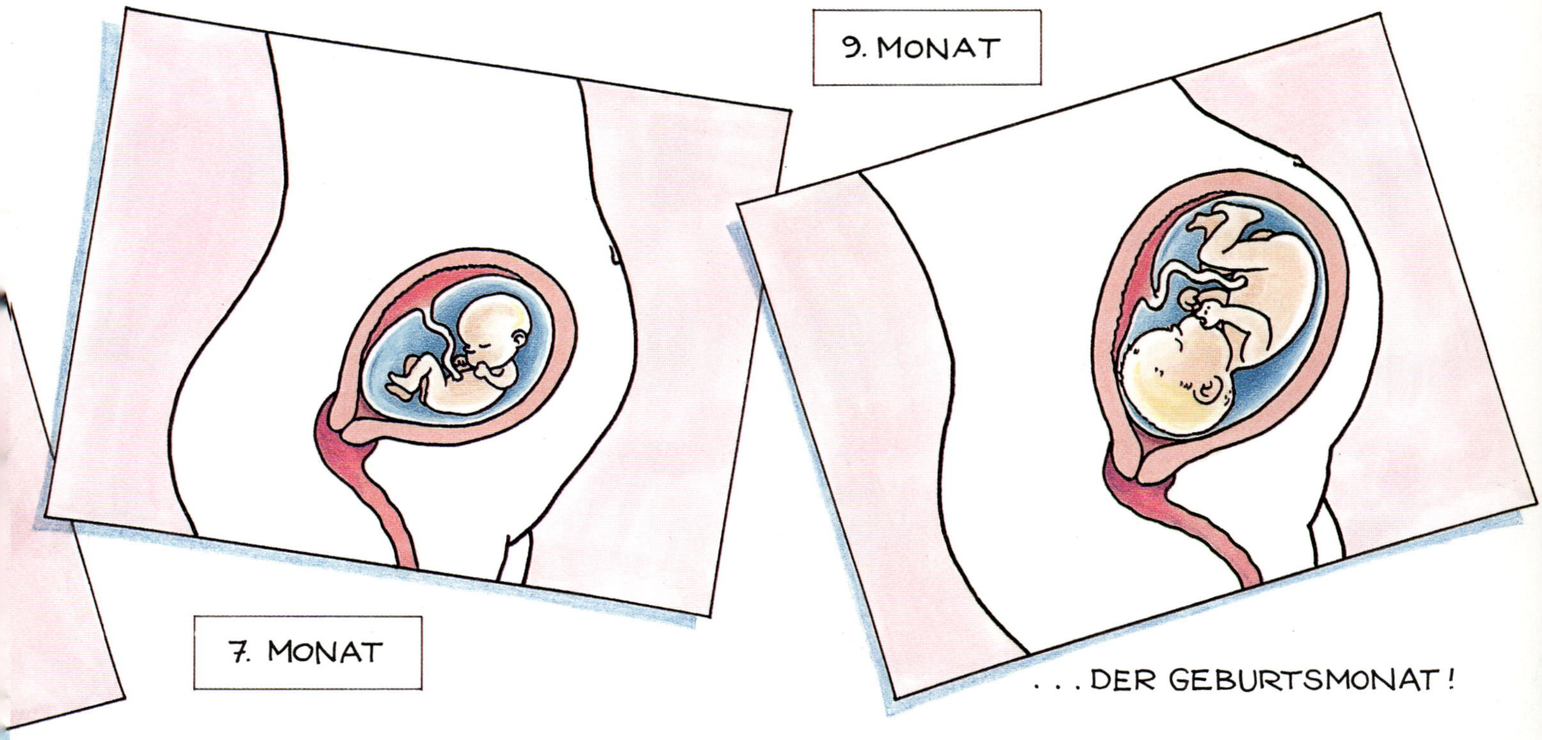

ihm auch etwas vorgesungen, damit Böhnchen sich nicht so einsam fühlt. Daniel sagt, er könnte schwören, daß Böhnchen ihm geantwortet hat.

So wachsen Babys heran

Im Bauch seiner Mutter schwimmt ein Baby warm und geschützt in der Fruchtblase, die mit Fruchtwasser gefüllt ist. Wenn die Mutter sich bewegt, wird das Baby wie in einer Wiege hin und her geschaukelt. Durch die Bauchdecke kann es Geräusche von außen hören, und es lernt die Stimme seiner Mutter kennen. Ein Baby spürt auch die Gefühle und Stimmungen der Mutter. Wenn es ihr gutgeht, fühlt sich auch das Baby wohl. Herrscht Streit in der Familie, wird das Baby im Bauch ebenfalls unruhig.
Befruchtete Eizellen entwickeln sich jeden Tag ein wenig mehr. Ist das befruchtete Ei drei Wochen alt, kann man es noch nicht mit bloßem Auge erkennen. Nach fünf bis sechs Wochen dann sieht das Böhnchen schon aus wie eine winzige Eidechse.
Am Ende der sechsten Woche beginnt das kleine Herz zu schlagen.
Nach sieben Wochen ist das Baby so groß wie eine Bohne und hat Arme und Beine. Man kann jetzt sehen, wo Finger und Zehen wachsen werden.
Nach acht Wochen hat das Baby die Größe von einer Erdbeere. Sein Gesicht formt sich allmählich, und es bewegt sich schon viel.
Nach zwölf Wochen kann das Baby mit den Beinen strampeln, die Hände zu Fäustchen schließen, den Kopf drehen und den Mund auf- und zumachen. Die meisten inneren Organe, wie Herz, Leber und Nieren, funktionieren schon.
Bereits in der 16. Woche – also nach ungefähr dreieinhalb Monaten – ist das Baby voll ausgebildet. Es hat sogar schon feines Haar. Bis zur Geburt wächst das Baby ständig weiter. Nach 24 Wochen ist das Baby so groß, daß sich der Bauch der Mutter ziemlich wölbt. Die Mutter kann nun spüren, wie sich das Kind bewegt.
Auch Böhnchen macht sich jetzt mit deutlichen Bewegungen im Bauch seiner Mutter bemerkbar. Lara und Daniel können fühlen, wie Böhnchen von innen gegen die Bauchdecke tritt, wenn sie die Hände auf den Bauch ihrer Mutter legen.

Wann Babys „fertig" sind

Nach etwa 32 Wochen wird es für das Baby immer enger im Bauch. Es ist jetzt vollständig entwickelt und hat kaum mehr Platz für Knie und Ellenbogen.

Deshalb muß es Arme und Beine anwinkeln. Das Baby dreht sich ungefähr um diese Zeit mit dem Kopf nach unten. Das Baby rutscht dann mit dem Kopf in das Becken der Mutter. Manche Frauen haben jetzt das Gefühl, für ihre inneren Organe, wie zum Beispiel den Magen, wieder mehr Platz zu haben. Damit ist das Baby in der richtigen Stellung für die Geburt und muß nur noch größer und kräftiger werden. Jetzt beginnt das Warten auf die Geburt. Die wenigsten Babys kommen allerdings zum errechneten Zeitpunkt auf die Welt.

Wie das Baby mit der Mutter verbunden ist

Das Kind ist durch die Nabelschnur mit seiner Mutter verbunden. Durch die Nabelschnur erhält es wichtige Nährstoffe, die es für sein Wachstum braucht. Die Ausscheidungen des Babys werden über die Nabelschnur abtransportiert. Wenn ein Baby geboren wird, schneidet man die Nabelschnur ab. Das spürt das Baby aber nicht. An der Stelle, wo sich die Nabelschnur befand, ist dann der Bauchnabel.

Wie Babys atmen

Babys im Mutterleib können noch nicht so atmen wie wir. Über die Nabelschnur erhält das Baby das sauerstoffhaltige Blut seiner Mutter. Sauerstoffarmes Blut wird durch die Nabelschnur abtransportiert und durch die Atmung der Mutter wieder mit Sauerstoff angereichert.
Die Lunge des Babys ist erst kurz vor der Geburt richtig entwickelt. Das Baby „übt" das Atmen aber schon, indem es Atembewegungen mit dem Brustkorb macht.

Was Babys im Bauch schon können

- Sie können sich bewegen und strampeln. Das kann man mit der Hand fühlen. Wenn das Baby größer ist, kann man von außen an der Form der Wölbung erkennen, ob es mit dem Beinchen oder dem Ärmchen gestrampelt hat.
- Sie können am Daumen lutschen.
- Sie können Stimmen erkennen, besonders die Stimme der Mutter.
- Sie nehmen glückliche Stimmungen wahr.
- Sie hören Geräusche von außen.
- Sie reagieren auf Musik.
- Sie greifen mit den Händen.
- Ein Baby erlebt alles mit, was mit der Mutter oder in der Familie passiert, sogar wenn gestritten wird.
- Babys können Schmerzen empfinden.
- Sie gähnen und können einen Schmollmund machen.
- Sie machen die Augen auf und zu.
- Sie können süßen, sauren und bitteren Geschmack unterscheiden.
- Sie schlagen Purzelbäume.
- Vom 8. Monat an könnten Babys auch schon außerhalb des Mutterleibs leben.

Das Baby vor der Geburt

In den letzten Wochen im Bauch ist das Baby beinahe ausgewachsen. Es wächst bis zur Geburt nicht mehr viel, nimmt aber noch an Gewicht zu. Die kleinen Speckpölsterchen braucht es, um gegen den Temperaturwechsel bei der Geburt geschützt zu sein. Im Bauch der Mutter war es warm, doch draußen ist es erheblich kühler.
Im Bauch hat das Baby jetzt keinen Platz mehr zum Turnen. Dafür bewegt es nun seine Arme und Beine. Dadurch wird die Haut des Babys massiert. Das Baby trinkt jeden Tag bis zu drei Liter Fruchtwasser und regt damit Magen, Nieren und Blase an.

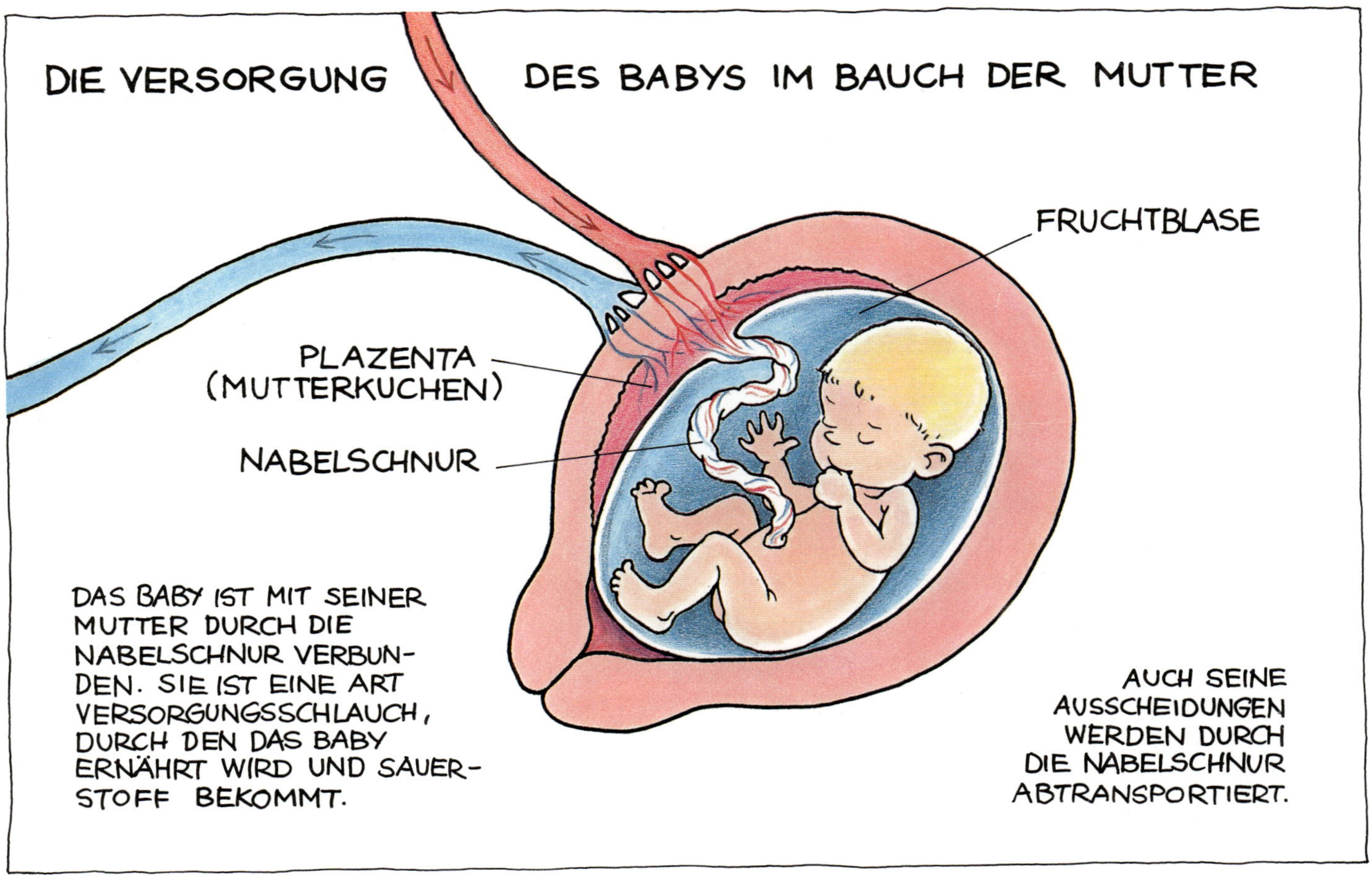

Bis kurz vor der Geburt hat das Baby einen zarten Haarflaum am Körper. Später ist es nur noch mit einem hellen Fettbelag, der „Käseschmiere" bedeckt. Sie enthält Nährstoffe und schützt die zarte Babyhaut im Mutterleib und nach der Geburt vor Austrocknung. Deswegen werden Babys nach der Entbindung auch nur ganz kurz gebadet, so daß die Käseschmiere weitgehend erhalten bleibt.

Warum Menschen unterschiedlich aussehen

Schon in dem Moment, wo ein Ei und eine Samenzelle miteinander verschmelzen, ist festgelegt, ob das Baby ein Mädchen oder ein Junge wird. Dafür sind die Samen verantwortlich. Es gibt Samen, aus denen werden Mädchen, und Samen, aus denen Jungen entstehen.
Wie das Baby aussehen wird, steht von Anfang an fest. Im Ei und in den Samenzellen sind die verschiedenen Eigenschaften vorhanden, die das Baby haben wird: die Haarfarbe, die Haut- und Augenfarbe, die Figur, die Form von Händen und Füßen, das Temperament und ob es groß oder klein wird.

Im Baby kommen die Anlagen von Vater und Mutter zusammen. Beide vererben auch die Anlagen, die sie von ihren Eltern und Großeltern geerbt haben. Neben dem Aussehen werden auch bestimmte Verhaltensweisen oder Vorlieben weitergegeben. Jeder Mensch hat seine ganz eigenen Fingerabdrücke, die keinem anderen gleichen. Überhaupt ist niemand ganz und gar einem anderen ähnlich, außer bei eineiigen Zwillingen. Aber auch sie können unterschiedlich sein. Zum Beispiel können sie verschiedene Interessen oder verschiedene Lieblingsgerichte haben, auch wenn sie zum Verwechseln ähnlich aussehen. Geschwister sind meist völlig unterschiedlich, obwohl sie dieselben Eltern haben.
Die meisten Eltern und Kinder sind stolz, wenn sie soviel wie möglich gemeinsam haben. Es können aber auch bestimmte Krankheiten in einer Familie weitervererbt werden.
Diese sogenannten Erbkrankheiten kommen jedoch nicht so häufig vor. Viele Erbkrankheiten kann man heute schon in der Schwangerschaft erkennen und etwas dagegen unternehmen. Deswegen gibt es für werdende Mütter auch zahlreiche Untersuchungen, die regelmäßig durchgeführt werden.

Wie Zwillinge entstehen

Es ist möglich, daß sich ein Ei teilt, nachdem es befruchtet wurde. Es entstehen dann zwei voll lebensfähige Eier. Beide nisten sich in der Gebärmutter ein. Nebeneinander wachsen dann dort zwei Babys. Das sind eineiige Zwillinge.
Sie haben beide das gleiche Geschlecht. Entweder sind es zwei Jungen oder zwei Mädchen. Sie werden sich sehr ähnlich sein. Deswegen sagt man auch: „Sie gleichen sich wie ein Ei dem anderen!"
Zwillinge können aber auch entstehen, wenn zufällig zwei Eier auf einmal zur Befruchtung bereit sind. Auch dann entstehen zwei Babys. Aber sie können völlig unterschiedlich aussehen, da sie ja aus zwei Samen und zwei Eiern entstanden sind. Sie können, so wie Lara und Daniel, auch verschiedenen Geschlechts sein.

VERERBUNGSLEHRE

Was ist denn bloß mit Mama los?

Lara und Daniel hocken bei Tanni im Spielzimmer. Bei ihnen zu Hause ist heute die Stimmung nicht so besonders gut. Ihre Mama hat den ganzen Tag mit ihnen geschimpft, und sie wissen eigentlich gar nicht so genau, warum.
Der Bauch von Laras und Daniels Mutter ist schon richtig rund. Mama freut sich sehr auf ihr Baby und bereitet alles vor, was das Baby nach seiner Geburt braucht. Oft lächelt sie vor sich hin, wenn sie spürt, wie sich ihr Baby bewegt. Sie ist jetzt aber häufig früher müde als sonst und deshalb manchmal etwas gereizt, wenn die Kinder laut sind oder Unordnung machen. Häufiger als sonst kriegen sie alle mal Krach miteinander.
Papa hat gemeint, sie müßten jetzt mehr Rücksicht auf Mama nehmen. Also nicht immer so laut herumtoben und nicht überall etwas herumliegen lassen! Am meisten würde es ihr helfen, wenn Lara und Daniel ihr Zimmer selbst aufräumen würden.

Das hat den beiden gar nicht gefallen. Deshalb haben sie sich ganz schnell zu Tanni „in Sicherheit" gebracht.
„Seht ihr, ich hab's euch ja gleich gesagt, Kinderkriegen ist keine einfache Sache", sagt Tanni mit Kennermiene. Sie hat zwei Geschwister und muß oft auf ihre kleinste Schwester aufpassen.
Lara und Daniel sind sich einig, daß sie ihrer Mama nachher auf alle Fälle helfen wollen. Schließlich ist Böhnchen auch „ihr" Baby. Sie freuen sich schon darauf, sich bald um das neue Geschwisterchen kümmern zu dürfen – aber natürlich nur, wenn es nicht allzulaut schreit.

Darum ist Mama manchmal nervös

Die Schwangerschaft kann für eine werdende Mutter anstrengend sein, auch wenn sie sich sehr auf ihr Baby freut. Doch das ist nicht bei allen schwangeren Frauen gleich. Viele haben in der Zeit der Schwangerschaft so viel Energie, daß sie sich sogar wohler fühlen als sonst.
Mit dem werdenden Baby trägt die Mutter den ganzen Tag ein immer größeres Gewicht mit sich herum. Der Bauch kann sie jetzt manchmal stören. Je größer das Baby wird, desto munterer ist es auch. Vor allem nachts, wenn die Mutter schlafen möchte, kann es ganz schön im Bauch „herumtoben". Wenn sie nachts kein Auge zugetan hat, ist die Mutter dann tagsüber müde und braucht mehr Ruhe als früher. Da kann es schon passieren, daß sie über Dinge schimpft, die sie sonst gar nicht stören.

Ist das Baby wichtiger als wir?

„Wenn es Mama gutgeht, ist das auch für Böhnchen gut. Je mehr Mama auf sich aufpaßt und wir auf sie, desto besser entwickelt sich unser Baby", sagt Papa zu Lara und Daniel. Mama soll sich jetzt nicht mehr so anstrengen. Sie geht auch nicht mehr zur Arbeit und ist den ganzen Tag zu Hause. Papa macht jetzt viel mehr als früher im Haushalt. Er kauft ein und putzt, wäscht und bügelt. Auch Lara und Daniel haben Aufgaben von ihm bekommen: Lara muß die Geschirrspülmaschine ein- und ausräumen, weil Mama beim Bücken der Bauch im Weg ist. Daniel kümmert sich um den Müll.

Beide Kinder finden es toll, daß Papa sich jetzt viel mehr Zeit für sie nimmt. Sie unternehmen oft etwas zusammen, damit Mama zu Hause ausruhen kann. Trotzdem haben sie manchmal das Gefühl, daß das alles nur wegen Böhnchen ist. „Das Baby finden die Eltern doch viel wichtiger als uns!" beklagt sich Daniel bei Lara. Das stimmt aber nicht. Wenn ein Baby unterwegs ist, beschäftigt sich die ganze Familie mit den Vorbereitungen. Das ist für Kinder, die ihre Eltern lange Zeit für sich allein hatten, manchmal eine große Umstellung.

Wie man sich auf ein Baby vorbereitet

Wenn ein Baby unterwegs ist, müssen bis zu seiner Geburt viele Dinge erledigt werden. Die Familie muß zum Beispiel überlegen, wo das neue Kind schlafen soll. Vielleicht gibt es Probleme mit dem Platz, und es muß etwas in der Wohnung umgeräumt werden. Das Baby braucht eine Wiege oder ein Bettchen, in dem es schlafen kann. Die Eltern besorgen auch eine Kommode, auf der das Baby gewickelt werden kann. Für die erste Zeit nach der Geburt kaufen sie Babybekleidung. Die älteren Kinder können für das Baby Bilder malen oder ein Mobile basteln, das man über das Bettchen hängen kann. Und natürlich suchen alle Familienmitglieder nach dem schönsten Namen für das Baby.

Die Mutter stellt während der Schwangerschaft einige ihrer Lebensgewohnheiten um: Um dem Baby nicht zu schaden, sollte sie zum Beispiel nicht mehr rauchen oder Alkohol trinken. Wenn sie krank ist, darf sie nur nach Absprache mit ihrem Arzt Medikamente einnehmen.

Die Stoffe in Zigaretten, Alkohol oder Tabletten gelangen über die Nabelschnur auch zum Baby. Man weiß heute, daß Babys von Müttern, die das Rauchen während der Schwangerschaft nicht aufgegeben haben, kleiner und anfälliger für Krank-

heiten auf die Welt kommen. Die meisten werdenden Mütter gehen gegen Ende der Schwangerschaft gemeinsam mit ihren Männern zur Geburtsvorbereitung. Dort lernen sie von einer Hebamme, wie sie bei den Wehen richtig atmen und wie sie sich bewegen können, damit die Geburt weniger anstrengend wird. Und der Mann erfährt, wie er seiner Frau bei der Entbindung beistehen kann.

Kann man Geschwister nicht wieder abschaffen?

Daniel probiert gelegentlich, Lara zu irgendwelchen Arbeiten zu bringen, die er eigentlich selbst tun sollte, die ihm aber lästig sind. „Aufräumen ist Frauenarbeit", behauptet er. Das hat er neulich bei Onkel Rudi aufgeschnappt.
„So ein Unsinn", sagt Lara. „Das heißt ja, Frauen sollen immer das tun, wozu Männer keine Lust haben. Ohne mich!" Dann sind die Zwillinge richtig wütend aufeinander.
Geschwister zu haben, ist manchmal schön. Lustig ist es, zusammen zu kuscheln oder auf dem Bett Trampolin zu springen, gemeinsam in der Badewanne zu planschen, sich auf dem Klo zuzugucken oder sich durchs Zimmer zu jagen.
Oft gibt es aber Streit zwischen Geschwistern. Lara hat Daniel auch schon mal eine geklebt und von ihm auch gleich eine Ohrfeige gekriegt. Mit den Füßen treten sie sich auch manchmal. Dann ist das Geschrei immer groß. Vor allem Lara kann laut schreien. Streit ist bei den beiden aber auch schnell vergessen. Sie machen wieder alles zusammen und würden niemals auf den anderen verzichten. Und Lara würde jeden verhauen, der ihrem Daniel etwas tut. Und umgekehrt genauso.

Warum fühlt man sich nicht immer gleich?

Man muß nicht selbst ein Kind bekommen, um auch mal gereizt zu sein. Niemand fühlt sich jeden Tag gleich, das ist völlig normal. Weder Erwachsene noch Kinder haben immer gleich gute Laune. Oft reicht schon eine Kleinigkeit, um schlechte Laune zu bekommen. Manchmal ist der Kummer aber auch schwerwiegend: Wenn sich die Eltern streiten, wenn man glaubt, daß einen keiner lieb-

hat, wenn man in der Schule Ärger hat oder Krach mit den Geschwistern, kann man niedergeschlagen sein.
Tanni nennt ihre wechselnden Gefühle „Schönwettergefühle" und „Schlechtwettergefühle". Tanni hat oft dann Schlechtwettergefühle, wenn sie auf ihre kleine Schwester aufpassen soll. Und sie sagt, sie hat auch Tage, da scheint in ihr weder die Sonne noch regnet es. Das sind dann die „Überhaupt kein Wetter"-Gefühlstage.
Von ihrer Tante hat sie ein Tagebuch geschenkt bekommen, in das sie jeden Tag schreibt oder malt, wie sie sich fühlt, worüber sie sich freut und was sie ärgert. Das macht sie seit der Zeit, in der sich ihre Eltern getrennt haben. Damals war sie oft traurig, und ihre Tante hat gemeint, das Aufschreiben ihres Kummers könnte Tanni helfen, fröhlich zu werden.

Warum streitet man sich, obwohl man sich liebhat?

Wenn man sich selbst nicht gut fühlt, ist man schneller gereizt und fängt eher Streit mit anderen an. Oft streitet man sich aber auch, weil man sich mißversteht. Oder weil man denkt, der andere mag einen nicht oder will immer recht behalten. Manchmal streitet man sich natürlich auch aus Langeweile. Und manche Menschen mag man einfach nicht.
Besonders schwierig ist es für Kinder, wenn sich die Eltern nicht verstehen und oft miteinander streiten. Doch jedes Paar hat ab und zu Krach miteinander, so wie jedes Kind mit seinen Freunden und Geschwistern Streit hat. Sich streiten hat nicht immer etwas damit zu tun, daß man den anderen nicht mag oder nicht liebhat.

Jeder Mensch mag es anders

Jeder Mensch ist anders als andere. Auch Lara und Daniel sind ganz unterschiedlich, und jeder mag andere Sachen. Lara zum Beispiel badet gern – am liebsten stundenlang und mit Mama zusammen; Daniel duscht lieber und albert dabei herum. Lara mag Erdbeereis, Daniel Nußeis, und Tanni mag gar kein Eis.

So können Menschen auch ihre Zuneigung auf viele unterschiedliche Arten ausdrücken. Manche mögen lieber küssen und kuscheln, andere eher streicheln, kitzeln, trösten, mit den Augen zwinkern, anlachen, reden oder umarmen. Manchen Menschen fällt es aber auch schwer, jemandem zu zeigen, daß sie ihn gern haben.

Aber oft will man ja auch gar nicht von anderen berührt werden. Jedenfalls nicht von allen. Und mal mehr und mal weniger. Niemand muß Sachen machen, die er nicht will. Man muß sich nicht auf Kommando anfassen lassen. Man muß auch niemanden berühren, den man nicht mag. Auch nicht, wenn einem dafür etwas versprochen wird. Sein Körper gehört jedem Menschen ganz allein.

Lara, Daniel und Tanni überlegen sich, was sie nicht so gern mögen:

- danke sagen müssen,
- die Hand geben,
- lügen,
- Zähne putzen,
- ruhig sein müssen,
- das Zimmer aufräumen,
- einkaufen müssen,
- Mama oder Papa, wenn sie schlechte Laune haben.

Es gibt aber eine ganze Reihe von Dingen, die finden sie schön:

- etwas geschenkt kriegen,
- mit Katze Mimi kuscheln,
- mit Hund Tobi herumbalgen,
- mit den Eltern baden,
- fernsehen,
- Doktor spielen,

- in der Nase bohren,
- auf die Toilette gehen,
- zusammen essen,
- Ferien an der See machen.

Was man nicht will, muß man nicht

„Bei den schönen Sachen würde ich am liebsten schnurren", sagt Tanni. Wie Katze Mimi, die schnurrt auch immer, wenn ihr etwas gut gefällt: zum Beispiel wenn man sie am Hinterkopf streichelt, am Bauch krault, sie kämmt oder wenn man ihr Futter gibt.
Am besten macht man es sowieso wie sie. Mimi steht einfach ganz vornehm auf und haut ab, wenn ihr etwas nicht paßt. Da kann man sie noch so schön kraulen. Nichts zu machen! Wenn sie nicht will, will sie nicht!
Neulich hat sich Tanni bei ihren Eltern darüber beschwert, daß sie sich von einer Freundin ihrer Mutter küssen lassen muß, weil die ihr immer Schokolade schenkt. Tanni findet aber, daß sie so feucht küßt. „Die Küsse machen richtig Pfützen auf der Backe!" mault Tanni. Ihre Mutter hat gemeint, daß Tanni überhaupt niemand küssen muß, den sie nicht mag.

Manchmal kommt es aber auch vor, daß Erwachsene mit Kindern etwas machen wollen, was denen nicht gefällt und wobei sie sich nicht wohl fühlen. Sie berühren zum Beispiel gegen den Willen der Kinder deren Geschlechtsteile. Oft versprechen sie den Kindern etwas dafür, daß sie mitmachen, oder sie zwingen sie dazu, auch mit Gewalt.
Kinder haben oft nicht den Mut, zu Erwachsenen nein zu sagen, und schämen sich für das, was diese ihnen antun. Oder sie haben Angst vor Schlägen. Kinder, die von Erwachsenen belästigt oder mißbraucht wurden, brauchen Hilfe von ihren Eltern oder von anderen Erwachsenen, denen sie vertrauen können.
Sie können zum Beispiel ihre Lieblingslehrerin ansprechen oder Freunde der Familie. Es gibt aber auch Sorgentelefone, wo Kinder anrufen und um Rat fragen können.

Wo hat Tanni ihre neue Schwester her?

Tannis Eltern sind geschieden, und ihr Vater wohnt in einer anderen Stadt. Nach der Scheidung haben Tanni und ihre Mutter eine Zeitlang allein gelebt. Dann hat Tannis Mutter einen anderen Mann kennengelernt und ihn nach einer Weile geheiratet. Der neue Mann hat selbst eine Tochter mit seiner ersten Frau. Sarah, so heißt das Mädchen, wohnt jetzt auch in der neuen Familie ihres Vaters. So ist Tanni von einem Tag zum anderen zu einer neuen Schwester gekommen. Und dann haben ihre Mutter und der neue Vater ein gemeinsames Baby bekommen. Jetzt hat Tanni zwei neue Schwestern, auf die sie oft auch aufpassen muß. Das ärgert sie manchmal, aber eigentlich findet sie es schön, daß sie immer jemanden zum Spielen hat.

Warum ist Tannis Vater weg?

Tannis Eltern haben zusammengelebt, bis Tanni vier Jahre alt war. Schon bald nachdem sie geheiratet hatten, haben sie festgestellt, daß sie sich immer weniger verstehen und beinahe jeden Tag streiten. Tanni hat deswegen oft geweint und nachts sogar ins Bett gemacht. Ihre Eltern haben irgendwann gemerkt, daß sie sich nicht mehr liebhaben, und haben sich scheiden lassen. Tanni hat aber immer noch ein gutes Verhältnis zu ihrem Vater. Sie darf ihn regelmäßig besuchen und fährt manchmal in den Urlaub mit ihm. Er hat eine neue Frau, die immer sehr nett zu ihr ist. Vielleicht bekommen die beiden ja auch noch Kinder.

Jedes Kind wünscht sich eine glückliche Familie. Aber es kommt öfter vor, daß Eltern sich nicht mehr richtig mögen, sich oft streiten und sich schließlich trennen. Eine Trennung tut den Kindern natürlich sehr weh. Denn auch sie müssen sich dann ja von jemandem trennen, den sie sehr liebhaben.
Manche Kinder haben das Gefühl, sie wären irgendwie mitschuldig an der Trennung der Eltern. Doch kein Kind kann etwas für den Streit zwischen den Eltern! Wenn sich Eltern scheiden lassen, heißt das nicht, daß sie ihre Kinder nicht mehr liebhaben und nichts mehr von ihnen wissen wollen. Das gilt auch für den Elternteil, der die Familie verläßt.

Eine neue Familie entsteht

Scheidungsfamilien gibt es heute viele. Immer öfter werden daraus neue Familien, wenn Frauen und Männer wieder heiraten. Das ist für die Kinder oft sehr schwierig.

Denn sie müssen sich ja nicht nur an den Stiefvater oder die Stiefmutter gewöhnen, sondern vielleicht auch an neue Geschwister, die nicht mit ihnen verwandt sind. Oder nur „halbverwandt" – wie Tanni mit ihrer jüngsten Schwester. Sie haben zwar dieselbe Mutter, aber jede hat einen anderen Vater. Sarah ist gar nicht mit Tanni verwandt. Sie hat den gleichen Vater wie die Kleinste, aber eine andere Mutter. Ganz schön kompliziert, findet Tanni. Aber dafür ist jetzt zu Hause immer was los. Meistens sind sie alle zusammen sehr lustig, vor allem ist ihre Mutter jetzt wieder fröhlich.

Sind „nicht selbstgemachte" Kinder auch Wunschkinder?

Die meisten Paare überlegen sich heute genau, ob und wann sie Kinder möchten. Auch die meisten Kinder, deren Eltern sich scheiden lassen, waren erwünscht. Und wenn sich Partner mit Kindern zusammentun, um eine neue Familie zu gründen, tun sie das auch, weil sie die Kinder gern haben. Da sind sie sogar noch vorsichtiger, denn niemand möchte den Kindern noch eine weitere Trennung zumuten.
Viele Paare können keine eigenen Kinder bekommen, obwohl sie sich das sehr wünschen. Sie können Kinder von anderen Eltern adoptieren, das heißt, sie als ihre Kinder bei sich aufnehmen. Oft sind die Mütter von Adoptivkindern zu jung, um ihre Kinder selbst großzuziehen, oder sie haben nicht genug Geld, um eine Familie zu ernähren. Adoptivkinder werden von ihren neuen Eltern so geliebt und behandelt wie eigene Kinder, weil den Eltern bewußt ist, wie wichtig es für sie ist, Kinder zu haben. Adoptivkinder werden ihren Adoptiveltern auch sehr ähnlich: Sie übernehmen ihre Sprache, ihre Gewohnheiten und ihre Art zu leben. Natürlich ist es trotzdem traurig für ein Kind, wenn die Mutter ihm nicht erzählen kann, wie es langsam in ihrem Bauch gewachsen ist und wie es geboren wurde. Manchmal beschäftigt es auch Fragen wie: Warum haben mich meine Eltern weggegeben? Wie sehen meine leiblichen Eltern aus? Was habe ich von ihnen geerbt? Sehe ich ihnen ähnlich?
Viele Adoptivkinder können ihre leiblichen Eltern

PAPA IST AUSGEZOGEN. MAMAS FREUNDIN IST EINGEZOGEN.
ALLEIN UNTER FRAUEN
SEUFZ
ZORRO
WIR HABEN LEIDER KEINE KINDER.
UNSERE ELTERN HABEN UNS NICHT SELBST GEMACHT!
WIR SIND EINE MISCHMASCH-FAMILIE.
GESCHIEDEN MIT KIND
UNVERHEIRATET, 2 KINDER
LEDIG, FRISCH VERLIEBT.
KABEL

später kennenlernen, doch sie würden ihre Adoptiveltern nicht verlassen, denn sie sind jetzt ihre Familie, bei der sie geborgen und geliebt aufgewachsen sind.

Wie viele Menschen heute leben

Früher lebten die Menschen in großen Familien zusammen. Meist wohnten mehrere Generationen unter einem Dach, also Urgroßeltern, Großeltern, Eltern und viele Kinder. Machmal waren auch noch andere Verwandte dabei, zum Beispiel unverheiratete Onkel und Tanten. Fast immer hatten sie ihre Arbeit in der Nähe von ihrem Zuhause, oder sie waren Bauern und lebten auf dem Land.
Im Lauf der Zeit veränderte sich das Zusammenleben in Großfamilien. Viele Menschen zogen vom Land in die Städte, um dort Arbeit zu suchen. Manchmal waren sie weit weg von ihrer Heimat, manche gingen sogar in fremde Länder.
Die Familien wurden kleiner, was viele Nachteile mit sich brachte: Die Kinder konnten nicht mehr abwechselnd von verschiedenen Familienmitgliedern betreut werden, wenn die Eltern keine Zeit hatten, und bei Notfällen oder Krankheiten war jede Familie auf sich gestellt. Auch kranke Menschen hatten niemanden mehr, der sie pflegte.

Heute gibt es ganz unterschiedliche Formen des Zusammenlebens. Am häufigsten leben Paare mit ihren Kindern allein. Viele Familien bestehen im Gegensatz zu früher nur noch aus vier Personen: den Eltern und zwei Kindern.
Manchmal ziehen viele Freunde zusammen in eine Haus- oder Wohngemeinschaft. Da wohnen oft ganz unterschiedliche Leute: Familien mit Kindern, Unverheiratete ohne oder mit Kindern, junge und alte Menschen. Sie können sich gegenseitig helfen oder zusammen Dinge unternehmen, so daß niemand allein sein muß – wie früher in einer Großfamilie. Und man hat immer jemanden zum Reden.
Es gibt aber auch Männer, die Männer lieben, und Frauen, die Frauen lieben. Wenn zwei Männer ein Paar sind, nennt man das „homosexuell". Bei Frauen heißt es „lesbisch". Diese Paare haben sich genauso lieb und leben zusammen wie ein Paar, das aus einer Frau und einem Mann besteht. Nur Kinder können sie miteinander nicht bekommen.

Wann kommt das Baby endlich?

Die Kinder freuen sich sehr auf Böhnchen und wollen es endlich sehen. „Los, Mama, mach doch mal", drängelt Daniel. Seine Mutter streicht ihm über das Haar: „Wir müssen warten, bis Böhnchen sich von selbst rührt. Auf euch beide hab ich ja damals auch geduldig gewartet."

„Vielleicht will Böhnchen gar nicht raus aus deinem schönen warmen Bauch!" meint Lara. Weil sie keine Lust auf die Schule morgen hat, würde Lara am liebsten wieder in Mamas schützenden Bauch hineinkriechen.

Die Schwangerschaft von Laras und Daniels Mutter ist schon sehr weit. Manchmal gerät die Mutter außer Atem, weil der Bauch allmählich immer schwerer wird. Deshalb legt sie sich oft hin, legt die Beine hoch und ruht sich aus. Die ganze Familie wartet ungeduldig auf Böhnchen.

Wollen Babys aus dem Bauch heraus?

Ihre Mutter lacht: „Natürlich kommt Böhnchen heraus. Schließlich ist es irgendwann auch zu groß für meinen Bauch. Jedes Baby wird nach ungefähr

neun Monaten geboren! Und ich kann es auch kaum noch erwarten, daß Böhnchen endlich auf die Welt kommt."
Es ist kurz vor Weihnachten. Mama rechnet jetzt täglich mit der Geburt. Schon vor Wochen hat sie einen Koffer für die Klinik gepackt. Sie will nach der Geburt von Böhnchen noch ein paar Tage dort bleiben, sich pflegen lassen und sich ausruhen. Mama nimmt Nachthemden für sich selbst und kleine Hemdchen und Strampelhöschen mit, damit das Baby später für die Heimfahrt warm angezogen werden kann.
Die Eltern haben sich kürzlich darüber unterhalten, wo sie ihre beiden älteren Kindern unterbringen, wenn Böhnchen geboren wird. Manchmal dürfen Geschwister auch bei der Geburt dabeisein. Doch ihre Mutter möchte das nicht. Das wird ihr zu unruhig, sagt sie.
Deswegen haben sie Oma Else und Opa gebeten, für einige Tage zu kommen und die Kinder zu versorgen. Dann können sie auch gleich Mama und Böhnchen im Krankenhaus besuchen. Lara und Daniel finden das prima, denn sie sind gern mit ihren Großeltern zusammen. Die sind nicht so streng, und die Kinder dürfen manchmal sogar etwas länger fernsehen.

Böhnchen kommt!

„Heute nacht habe ich von Böhnchen geträumt. Ich glaube, es will bald heraus aus meinem Bauch. Bestimmt will Böhnchen seine beiden Geschwister endlich kennenlernen", erzählt Mama Lara und Daniel eines Morgens. Sie wartet jetzt darauf, daß der Geburtstermin näher rückt, denn sie freut sich so auf das Baby. Und natürlich möchte Mama auch endlich wieder ohne ihren dicken Bauch spazieren gehen.
„Stellt euch mal vor, ihr müßtet neun Monate lang mit eurer Schultasche vor dem Bauch herumlaufen", sagt Mama. Daniel lacht: „Das ist besonders nachts nicht sehr bequem, mit meinem Ranzen in einem Bett zu schlafen! Bestimmt fangen die ungemachten Hausaufgaben an, unter der Bettdecke zu toben."
„Kinder, ich glaube, es geht los! Böhnchen macht sich auf den Weg!" ruft Mama ein paar Tage

später. Sie holt ihren Koffer und ruft Oma und Opa an, damit sie gleich kommen.
Daß die Geburt beginnt, merkt die Mutter daran, daß sich ihr Bauch in unregelmäßigen Abständen zusammenzieht. Das nennt man „Wehen". Die Bewegungen stammen von den Muskeln in der Gebärmutter, aus der das Baby nun herausmöchte. Mit den Wehen wird das Kind regelrecht aus dem Körper geschoben.
Allerdings geht das meist nicht so schnell. Eine Geburt kann viele Stunden dauern. Deswegen hat auch Mama noch Zeit, sich in Ruhe von ihnen für die nächsten Tage zu verabschieden.
Dann fährt der Vater mit der Mutter in die Klinik. Er will bei der Geburt auf alle Fälle dabeisein. Er sagt, die Geburt von Lara und Daniel sei eines der schönsten Erlebnisse in seinem Leben gewesen: „Euch beide das erste Mal zu sehen, war für mich wie ein Wunder!"
Außerdem kann er der Mutter bei der Geburt helfen, sie halten oder ihr etwas zu trinken geben, ihr den Rücken massieren und ihr einfach durch seine Anwesenheit beistehen. Eine Geburt ist zwar normalerweise nicht gefährlich, aber für die Mutter doch außerordentlich anstrengend. Es ist für sie schön, wenn sie dann einen vertrauten Menschen um sich hat, der mit ihr die Geburt durchsteht.
Der Vater kann Lara und Daniel später ausführlich erzählen, wie es war, als Böhnchen auf die Welt kam.

Die Geburt

In der Klinik kann die Mutter noch ein wenig umhergehen, bis die Wehen öfter kommen und stärker werden. Das Baby hat sich schon vor einer Weile gedreht und liegt jetzt mit dem Kopf nach unten im Bauch der Mutter. Es kommt bei der Geburt normalerweise mit dem Kopf zuerst aus der

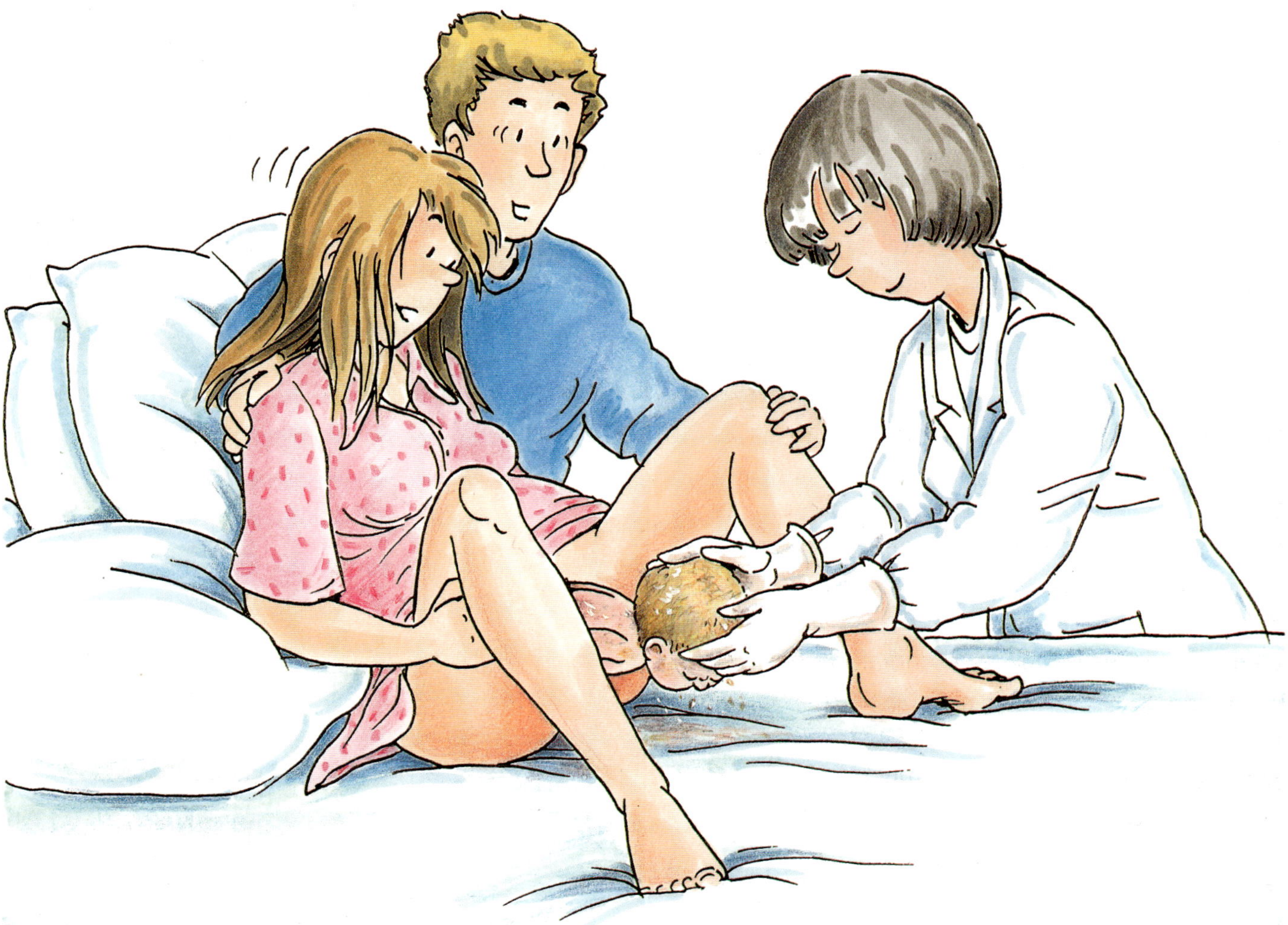

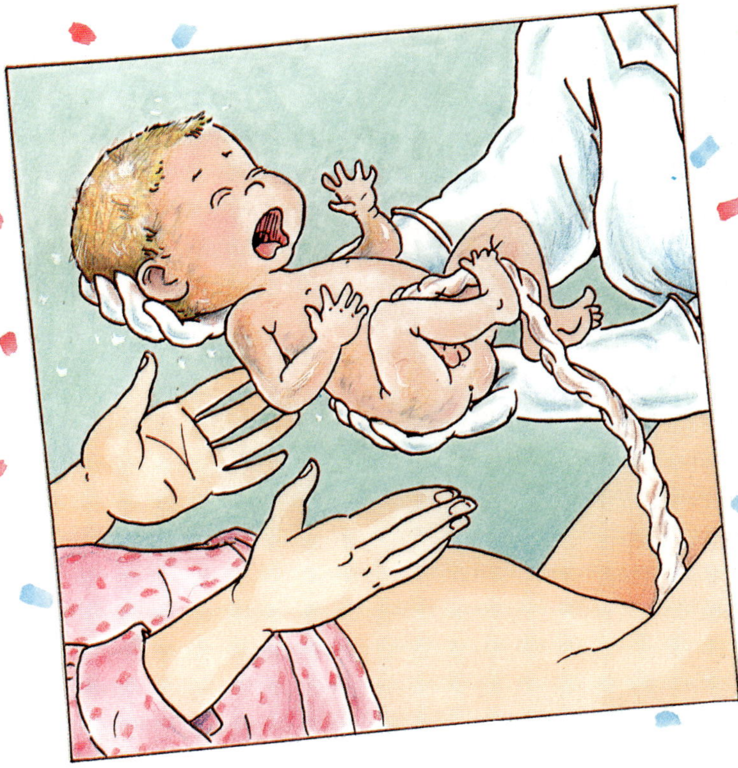

Scheide heraus. Die Scheide kann sich so weit dehnen, daß ein Baby aus dem Bauch herausgleiten kann.
Wenn die Mutter sich gut auf die Geburt vorbereitet hat, kann sie sich zwischen den Wehen entspannen. So werden die Muskeln, die das Baby im Bauch gehalten haben, locker, und das Kind kann aus dem Körper der Mutter herausgleiten.
Babys können aber auch mit einem Kaiserschnitt auf die Welt geholt werden. Das ist eine Operation, die dann durchgeführt wird, wenn man mit einer schwierigen Geburt rechnet, zum Beispiel, wenn der Kopf des Kindes sehr groß ist.
Im Krankenhaus, aber auch bei Hausgeburten, betreut eine Hebamme die Mutter während der Geburt. Ein Arzt ist meistens ebenfalls dabei. Das Schlimmste ist für die Mutter vorbei, wenn das Köpfchen ihres Babys herausgekommen ist.
Danach geht es meist ganz schnell, bis das Baby da ist. Vorsichtig hält die Hebamme das kleine Köpfchen, bis der Körper aus der Scheide herausgleitet. Oft sitzt die Mutter dabei und kann das Baby mit der letzten Wehe sanft auf die Welt schieben.
Ist das Kind geboren, begrüßt es seine Eltern meist mit Gebrüll. Damit fängt es auch an, selbständig zu atmen. Der Arzt prüft, ob mit dem Kind alles in Ordnung ist, ob es genügend Luft bekommt und gesund ist.
Mama hat einen kleinen Jungen auf die Welt gebracht und damit hat sich Daniels Wunsch erfüllt: Lara und Daniel haben ein Brüderchen bekommen. Benedikt soll er heißen.
Benedikt wird jetzt auf den Bauch seiner Mutter gelegt, damit sich die Eltern und das Kind kennenlernen können. So kann Benedikt auch

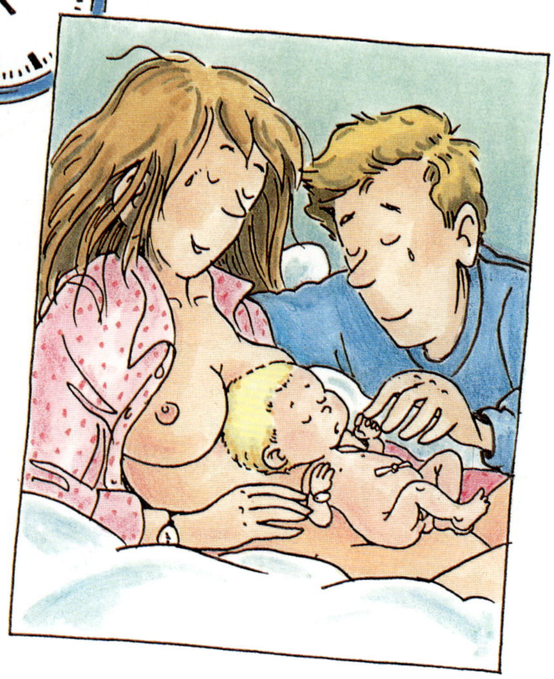

die Wärme und den Herzschlag seiner Mutter spüren. Den Herzschlag kennt Benedikt schon bestens von „drinnen", als er noch Böhnchen war. Für diese liebevolle Begrüßung lassen sich die Eltern ganz viel Zeit.
Dann wird die Nabelschnur durchgeschnitten. Das Neugeborene wird gebadet, in weiche Tücher gehüllt und an die Brust der Mutter gelegt. Jedes Kind weiß sofort, was es zu tun hat: Es fängt an zu saugen. Schon etwa eine halbe Stunde nach der Geburt können Babys trinken.
Jetzt ist für die Eltern die schönste Zeit gekommen, sie können sich entspannen und die ersten ruhigen Stunden mit ihrem neuen Kind verbringen. Sie sind sehr glücklich, daß das Baby gesund ist. Und dann müssen sich alle erst einmal ausruhen.
Als der Vater nach Hause kommt, tanzen Lara und Daniel aufgeregt um ihn herum, und er muß immer wieder von Benedikt und der Geburt erzählen. Er hat sogar vor Glück geweint, sagt er. Er verspricht ihnen, daß sie Mama und das Baby am nächsten Tag in der Klinik besuchen dürfen.

Wie erlebt ein Baby seine Geburt?

Mit der Geburt verändert sich das Leben eines Babys: Vorher war es warm und geschützt im Bauch der Mutter, und nun wird es durch einen engen Kanal nach außen gedrückt.
Sofort muß sich der Körper des Neugeborenen umstellen: Das Baby muß nun selbst atmen, und bereits nach kurzer Zeit kann es an der Brust trinken und verdauen.
Babys reagieren auf diese Veränderung ganz unterschiedlich. Manche sind müde und schlafen viel, andere wiederum sind unruhig. Babys sollten so sanft wie möglich auf die Welt kommen, damit die Geburt kein Schock für sie ist. Deshalb ist in dem Geburtsraum das Licht gedämpft. Manchmal wird leise eine beruhigende Musik gespielt. Und alle bemühen sich, es der Mutter und ihrem Kind so bequem wie möglich zu machen.

So sieht Benedikt also aus!

Benedikt liegt bei Mama auf dem Bett, als die Zwillinge ins Krankenhaus kommen. Mama freut sich riesig, ihre beiden Großen zu sehen. Sie stellt ihnen gleich ihr Brüderchen vor, das zur Begrüßung laut schreit.
Benedikt sieht anders aus, als Lara und Daniel es erwartet haben. Staunend stehen sie vor ihm und betrachten ihn. Er ist klein und zerbrechlich und hat ganz schrumpelige Haut. „Benedikt Böhnchen, so siehst du also aus", murmelt Daniel und

schaut ein bißchen enttäuscht. „Alle Kinder sehen anders aus, als man vorher denkt", beruhigt ihn die Säuglingsschwester, die sich um den Kleinen kümmert, wenn die Mutter schläft. „Die Kleinen verändern sich aber im Lauf der ersten Wochen ständig. Und ihr müßt euren neuen Bruder ja sowieso erst richtig kennenlernen."
„Guck mal, Benedikt Böhnchen hat ganz blaue Augen. Wo er die wohl herhat?" fragt Lara. Sie und Daniel haben braune Augen. Ihr Vater auch. Mama hat grüne Augen. Die Schwester erklärt: „Alle Neugeborenen haben blaue Augen – wie kleine Kätzchen. Erst nach frühestens sechs Monaten weiß man, welche Augenfarbe ein Kind wirklich hat. So lange müßt ihr auch bei eurem Bruder noch warten!"

Was neugeborene Babys können

Babys können schon auf kleinste Berührungen reagieren. Wenn man sanft die Wange eines Babys streichelt, dreht es seinen Kopf und macht seinen Mund auf.
Wenn man es heftig bewegt oder stört, wirft es Arme und Beine hoch und wölbt seinen Rücken. Streicht man zärtlich über die Fußsohle, streckt es die Zehen nach oben und dreht den Fuß nach innen.
Faßt man das Baby unter die Arme und hält es aufrecht, hebt es die Beine und strampelt so, als könne es schon gehen. Und natürlich kann es saugen, wenn man zart seine Lippen berührt.

Was Babys brauchen

Am Anfang brauchen Babys noch gar nicht viel, nur etwas zum Anziehen und jede Menge Windeln. Wichtig ist ein ruhiger Platz zum Schlafen, am liebsten in der Nähe der Eltern. Babys brauchen eine kleine Wanne zum Baden, Creme und Puder, ein Teefläschchen und natürlich ganz viel Wärme, Ruhe, Zeit und viel Zuwendung durch die ganze Familie. Manche Babys bekommen auch schon Spielzeug, zum Beispiel bunte kleine Figuren, die man über ihren Wagen hängen kann.

Wenn das Baby da ist

Heute kommt Benedikt Böhnchen zum ersten Mal nach Hause! Lara und Daniel haben die Wohnung mit alten Babyfotos von sich selbst geschmückt. Auch Fotos von Mama und Papa und den Großeltern haben sie aufgehängt. Die soll sich Benedikt Böhnchen angucken, wenn er da ist. Dann kann er gleich seine Familie kennenlernen.
Fotos von ihrem Urlaub am Meer haben sie auch aufgehängt. Die sind für Mama. Da sieht man sie nämlich mit ihrem runden Bäuchlein zu Beginn der Schwangerschaft. Und wie der Bauch immer dicker wurde, weil Böhnchen so gewachsen ist.
Die Kinder freuen sich riesig auf ihre Mama. Sie haben sie sehr vermißt. Oma Else hat eine Torte gebacken, und Opa späht schon den ganzen Tag aus dem Fenster, wann sie denn nun endlich kommen. Alle wollen die Familie besuchen: Tanni und ihre Eltern, Tante Suse und Tim und die Nachbarn aus dem Haus wollen sich Benedikt anschauen. Endlich fährt das Auto in die Einfahrt zum Haus. Mama hat Benedikt in einer Babytragetasche dabei und winkt ihrer Familie, die am Fenster steht, zu.

Benedikt Böhnchen kommt nach Hause

Als Mama mit Benedikt in die Wohnung kommt, muß sie ihm sofort die Brust geben. Das Baby schreit, weil es Hunger hat. „Wahrscheinlich ist Benedikt genauso aufgeregt wie wir", meint Lara. Mama legt ihn an ihre Brust, damit Benedikt trinken kann. Sie kümmert sich nur um ihn. „Schmeckt das gut, Benedikt Böhnchen?" fragt Lara ein wenig eifersüchtig. Sie möchte auch von der Muttermilch probieren. Mama lacht: „Du und Daniel, ihr habt doch früher schon bei mir getrunken, meine Große."
Lara will genau wissen, wie das war, als sie ein Baby war. Eigentlich will sie gar nicht groß sein. Am liebsten hätte sie Mama ganz für sich allein. Lara will wissen, wie Daniel und sie nach der Geburt ausgesehen haben. Und was sie als kleine Kinder angestellt haben. Diese Geschichten kann sie gar nicht oft genug hören. Mama erzählt deshalb alles, an das sie sich erinnern kann. Benedikt nuckelt nun ganz zufrieden. Das Stim-

mengemurmel von Mama und den beiden Großen scheint ihn zu beruhigen. Er hat sogar die Augen auf. Man könnte denken, er schaut sich jetzt seine Familie an, aber Babys können zu diesem Zeitpunkt nur ganz wenig sehen. Doch als Daniel Benedikt einen Finger hinhält, umklammert er ihn. Und so stehen sie um Benedikt herum und bewundern ihn stolz.
Dann legt Mama Benedikt schlafen. Neugeborene schlafen viel, manche bis zu sechs Stunden am Stück. Dann wachen sie auf, wollen trinken und müssen frisch gewickelt werden. Danach schlafen sie meist wieder ein.
Jetzt hat Mama richtig Zeit für Lara und Daniel. Sie kann sich über die Bilder freuen und gemeinsam mit ihren Gästen gemütlich Kaffee trinken. Und natürlich muß sie allen ganz genau erzählen, wie die Geburt für sie gewesen ist.

Das Stillen

Fast alle Babys bekommen in der ersten Zeit ihres Lebens Muttermilch. Schon gleich nach der Geburt wird das Baby bei der Mutter an die Brust gelegt, damit es das Saugen üben kann, denn erst nach einer Weile kommt die Milch. Das Baby weiß ganz von selbst, daß es an der Brustwarze saugen muß.
Die Milch ist für das Baby besonders nahrhaft. Sie enthält alles, was ein Baby braucht, und schützt es sogar vor bestimmten Krankheiten. Für Mutter und Kind ist es schön, beim Stillen so eng beieinander zu sein. Aber das geht natürlich mit einem Fläschchen genauso gut.
Zuerst trinkt das Kind, weil es Hunger hat. Danach nuckelt es noch eine Weile. Und wenn es genug hat, hört es einfach auf.

Wie füttert man ein Baby?

In den Wochen nach der Geburt wird ein Baby meist mit Muttermilch und mit Tee aus dem Fläschchen ernährt. Ein Baby kann aber auch nur mit Milch aus dem Fläschchen ernährt werden. Es braucht dafür aber ebensoviel Zeit und Aufmerksamkeit von seinen Eltern wie beim Stillen.
Wenn man die Lippen des Babys mit dem Sauger des Fläschchens berührt, nimmt es ihn in den Mund und beginnt daran zu saugen. Durch die Öffnung im Sauger gelangt die Flüssigkeit in den

Mund des Babys. Babys strengt das Trinken an. Sie machen zwischendurch eine kleine Verschnaufpause. Nach dem Füttern soll das Baby sein „Bäuerchen" machen, damit es kein Bauchweh bekommt.

Alles dreht sich um Benedikt

Lara und Daniel haben inzwischen den Eindruck, daß die ganze Familie wegen Benedikt verrückt spielt. „Man könnte glatt meinen, die haben den Verstand verloren", schimpft Lara. „So ein Zirkus", grummelt auch Daniel. „Hab ich es euch nicht gleich gesagt!" triumphiert Tanni.

Benedikt bekommt vom Besuch viele Geschenke. Zu viele, wie Lara und Daniel finden. Eigentlich möchten sie nämlich selbst gern mehr geschenkt bekommen. Am liebsten würden sie Benedikt manchmal zum Mond schießen, obwohl sie ihn natürlich auch sehr niedlich finden. Vorausgesetzt, er schreit nicht gerade oder riecht nicht, wenn er gewickelt wird.

Ein wenig enttäuscht sind die Zwillinge auch, vor allem Daniel: „Man kann ja mit Benedikt noch überhaupt nichts anfangen! Der versteht ja noch gar nichts!" Vorerst kann er also von Benedikt keine Unterstützung erwarten.

Lara und Daniel können noch nicht mit Benedikt Böhnchen spielen, nicht mal Mutter, Vater und Kind. Ihre Mama hat gesagt, mit Babys kann man nicht spielen. Babys sind sehr empfindlich, und man muß immer ihren Kopf stützen. Es dauert eine Weile, bis ihre Knochen härter werden. Aber die Kinder dürfen Benedikt streicheln und beim Stillen dabei sein. In ein paar Tagen dürfen sie ihn auch einmal halten, haben die Eltern ihnen versprochen.

Warum Babys so viel schreien

Babys sind ganz verschieden. Manche sind ruhig und schlafen viel. Andere schreien den ganzen Tag oder sind vielleicht sehr unruhig. Babys schreien, weil sie noch keine andere Möglichkeit haben, auf sich aufmerksam zu machen. Sie können ihrer Familie nur auf diese Weise kundtun,

- daß sie müde sind,
- daß sie Hunger haben,
- daß ihre Windeln voll sind,
- daß sie gestreichelt werden wollen,
- daß sie sich langweilen,
- daß sie sich einsam fühlen,
- daß sie Bauchweh haben,
- daß es ihnen zu warm oder zu kalt ist,
- daß sie herumgetragen werden wollen
- oder daß sie einen Zahn kriegen.

Manchmal schreien sie auch, wenn in der Familie zuviel Betrieb ist. Wenn zum Beispiel zu viele fremde Menschen zu Besuch gekommen sind. Babys haben es nämlich am liebsten etwas ruhiger. Das können Lara und Daniel zur Zeit gut verstehen, denn der viele Besuch stört sie auch.

Das Leben mit Benedikt

Lara und Daniel müssen sich nun daran gewöhnen, daß sie ihre Eltern nicht mehr für sich allein haben. Das hat aber nichts damit zu tun, daß die Eltern ihre Großen weniger liebhaben. Eher im Gegenteil: Sie brauchen jetzt die Hilfe von ihren großen Kindern.
Ein neugeborenes Baby braucht ganz besonders viel Pflege und Aufmerksamkeit. Es kann ja noch gar nichts allein. Es muß regelmäßig gestillt werden. Es kann sich nicht allein saubermachen oder waschen. Also muß es gebadet und gewickelt werden. Das kann viel Unruhe in die Familie bringen. Vor allem wenn das Kind nachts viel schreit, werden alle um ihren Schlaf gebracht. Die Mutter ist mit dem Baby vollauf beschäftigt und hat weniger Zeit für ihre Großen. Sie müssen jetzt

auch manchmal Sachen im Haushalt machen, zu denen sie eigentlich keine Lust haben. Dabei hatten Lara und Daniel gedacht, daß das nur in der Zeit vor der Geburt so sein würde …

Warum Babys sich im Wasser so wohl fühlen

Babys haben eine Vorliebe: Wasser – egal ob in der Badewanne oder im Schwimmbad. Nur warm muß es sein. Schließlich haben sie die ersten Monate ihres Lebens im warmen Wasser im Bauch der Mutter verbracht. Im Wasser fühlen sich Babys schwerelos und geborgen. Direkt nach der Geburt können Babys sogar schwimmen und tauchen, verlernen es aber wieder.

Babys lieben es, im warmen Wasser zu sein. In einer kleinen Babybadewanne, die hoch genug ist, kann man sie am besten baden. Das Wasser sollte so warm sein wie der Körper des Menschen. Auch im Badezimmer muß es schön warm sein, damit sich das Baby nach dem Baden nicht erkältet. Die Temperatur des Wassers kann man mit einem Thermometer prüfen oder einfach, indem man den Ellenbogen hineinhält.

Die ersten sechs Monate

Lara und Daniel finden es aufregend zu beobachten, wie schnell Benedikt sich entwickelt und etwas dazulernt.

Jetzt hat er schon gelernt, sich im Liegen herumzudrehen. Er mag es, wenn er auf einer weichen Unterlage hin und her gerollt wird oder wenn Papa ihn auf seinen Knien hopsen läßt.

Mama sagt, daß Benedikt jetzt bald seine Hände benutzen kann und sich alles in den Mund steckt, was er kriegen kann. Bald kann er sitzen, krabbeln und lernt irgendwann laufen.

Sie sagt: „Je mehr wir mit Benedikt spielen, desto schneller lernt er auch. Ihr könnt mit ihm reden, ihn anlächeln, ihm etwas zeigen, das bunt ist, oder ihm Geräusche vormachen. Ihr werdet sehen, daß ihm das gut gefällt! Dadurch lernt er euch auch viel schneller kennen und freut sich, wenn ihr kommt."

Daniel will wissen, wann Benedikt denn endlich sprechen kann. Da muß er aber noch eine Weile warten, denn richtige Wörter kann Benedikt erst sagen, wenn er etwa ein Jahr alt ist. Vorher gibt er nur Laute von sich. Daniel war sieben Monate alt, als er zum ersten Mal „Mama" sagen konnte.

Lara und Daniel werden immer wieder von Nachbarn und Bekannten auf ihr niedliches Brüderchen angesprochen. Dann sind sie natürlich ganz stolz auf Benedikt Böhnchen. Jetzt lacht er schon, greift nach Sachen, die man ihm hinhält, und juchzt manchmal vor Vergnügen. Mama sagt, daß er auch bald Zähne bekommt.
Lara und Daniel fahren ihn oft in seinem Kinderwagen spazieren oder sitzen neben seinem Bettchen, wenn er schläft. Ganz leise sind die beiden dann.
Gern kuscheln sie sich an Mama, wenn sie Benedikt stillt. Mama findet es auch schön, ihre drei Kinder so nah bei sich zu haben. Sie erzählen sich dabei etwas oder schauen Benedikt beim Trinken zu. Lara und Daniel wissen nun eine ganze Menge mehr darüber, wie ein Kind entsteht und wie man mit ihm umgeht, als vor Böhnchens Geburt. Über Babys kann ihnen keiner mehr was erzählen, finden sie.
In der Zwischenzeit haben sie sich auch daran gewöhnt, daß sie ab und zu nachts durch Benedikts Schreien aufgeweckt werden. Meist hören sie es gar nicht mehr, so wie manchmal morgens ihren Wecker, der um 7 Uhr klingelt.

Erzählt uns nichts vom Storch!

„Wißt ihr, was die Meyers ihren Kindern erzählt haben!?“ fragen Lara und Daniel ihre Eltern empört, als sie wieder einmal mit Oma Else, Opa, Tante Suse, Tim, Tanni und ihren Eltern zusammensitzen.
„Daß Kinder vom Postboten gebracht werden! Die haben doch überhaupt keine Ahnung vom Kinderkriegen!“
Tanni kennt noch andere Geschichten vom Kinderkriegen – nämlich, daß Kinder aus Büchern schlüpfen, von bestimmten Bäumen fallen, von Feen oder vom Weihnachtsmann gebracht, im Labor gemixt oder von einem Esel im Galopp verloren werden.
Die Kinder erfinden noch mehr Geschichten: daß Babys aus Bohnen auf Feldern gezogen werden oder in Kindergärtnereien, daß sie vom Mond fallen oder aus dem Warenhaus kommen, aus dem Computer oder aus den Zimmerwänden krabbeln, daß sie im Meer schwimmen und von Delphinen gebracht werden und vieles mehr.
Oma Else erinnert sich an früher: „Also, uns hat man immer erzählt, daß der Klapperstorch die Babys aus einem Teich fischt und sie zu ihren Eltern fliegt. Dort gibt er das Baby ab. Weil der Storch die Mutter ins Bein zwickt, muß sie einige Tage im Bett liegen oder in die Klinik gebracht werden. Ich habe sogar jeden Abend Zuckerstückchen auf's Fensterbrett gelegt, damit der Storch endlich kommt und mir ein Geschwisterchen bringt. Richtig aufgeklärt worden bin ich eigentlich erst, als ich vierzehn war.“
Opa nickt: „Jaja, das war damals so. Da hat man gedacht, man kann den Kindern nicht die Wahrheit sagen, weil sie noch zu jung sind. Und deshalb hat man uns einfach etwas vorgeflunkert. Aber wir haben von den anderen Kindern gehört, wie das mit dem Kinderkriegen wirklich ist.“

Opa schaut seinen eigenen Sohn, den Vater von Lara und Daniel, an und fragt ihn: „Wie habe ich dich damals eigentlich aufgeklärt?"
Papa lacht und verstellt seine Stimme, so daß sie klingt wie die von Opa: „Du hast gesagt: ‚Komm her, mein Sohn, ich muß mit dir mal ... äh ... über Mann und Frau ... äh ... und so weiter sprechen.'"
Oma lacht und sagt zu Papa: „Und dann hast du zu deinem Vater gesagt: ‚Gern, was möchtest du darüber wissen?'" Alle stimmen fröhlich in das Gelächter von Oma Else ein.
„Na ja, das ist ja wirklich Schnee von gestern", meint Lara. Sie kennt sich jetzt schon viel besser mit dem Kinderkriegen und der Babypflege aus als viele andere in ihrer Klasse.
Tim erzählt von einem Lehrer, der seinen Schülern auch heute noch berichtet, wie Bienen und Pflanzen sich vermehren – aber kein Ton davon, wie das eigentlich bei den Menschen ist.
„Total verklemmt", sagt Tim. Seinen Aufklärungsunterricht fand er zwar ganz gut, aber nicht so spannend wie das, was er jetzt alles durch die Geburt von Benedikt Böhnchen erfahren hat. Er erzählt, daß er in der Schule gehört hat, wie sich andere Völker vorstellen, woher die Babys kommen.
Eingeborene aus Südafrika glauben, daß die Frauen bei Regen befruchtet werden. Und einige Stämme aus der Südsee nehmen an, daß Kinder beim Baden im Ozean entstehen. Am besten hat Tim aber gefallen, daß einige mexikanische Indianerstämme sich vorstellen, daß Kinder mit dem Regen kommen. Aber an den Storch glaubt dort keiner.
„Wir kriegen ja auch bald Aufklärungsunterricht in der Schule", sagt Daniel. „Na, die sollen uns mal was vom Storch erzählen!"
Die beiden Mädchen nicken eifrig: „Dann werden wir sie aufklären, woher die kleinen Kinder wirklich kommen."

Kleines Lexikon

Adoption
Ein Paar, das selbst keine Kinder bekommt, kann ein Kind von anderen Eltern annehmen. Die leiblichen Eltern des Kindes sind vielleicht gestorben oder können das Kind nicht selbst aufziehen. Adoptivkinder werden von ihren Eltern so geliebt und behandelt, als wären es eigene.

Aids
Aids ist eine Erkrankung des Abwehrsystems des Körpers. Ausgelöst wird die Krankheit durch den HIV-Virus, der im Körper die Blutzellen zerstört, die für die Abwehr von Krankheiten zuständig sind („Körperpolizei"). Bei einem gesunden Menschen sorgt das Abwehrsystem des Körpers dafür, daß eine Grippe oder eine Erkältung schnell wieder abklingen. Bei einem Menschen, bei dem die Krankheit Aids ausgebrochen ist, kann aus einer harmlosen Erkältung eine tödliche Lungenentzündung werden. Der HIV-Virus kann sich lange Zeit im Körper befinden, ohne daß die Krankheit beginnt. Aids kann nur übertragen werden, wenn Blut, Samen- oder Scheidenflüssigkeit in den Körper eines anderen Menschen gelangen.

Befruchtung
Wenn das Ei einer Frau und der Samen eines Mannes zusammentreffen, verschmelzen sie miteinander. Der Samen geht in das Ei hinein und befruchtet es. Daraus entwickelt sich dann ein Baby.

Eierstock
Rechts und links von der Gebärmutter liegt im Bauch von Mädchen und Frauen jeweils ein Eierstock. Darin befinden sich die Eier. Von der Pubertät an löst sich ungefähr alle vier Wochen ein Ei aus dem Eierstock und wandert in die Gebärmutter, um dort befruchtet zu werden.

Fruchtblase
Gut geschützt schwimmt das Baby im Bauch der Mutter in einer Blase mit warmer Flüssigkeit. Wenn sich die Mutter bewegt, wird es wie in einer Wiege hin und her geschaukelt. Kurz vor der Geburt des Babys platzt die Fruchtblase.

Gebärmutter
Die Gebärmutter liegt im Bauch unterhalb des Bauchnabels. Sie sieht aus wie eine winzige Birne und ist innen hohl. Dort kann sich ein befruchtetes Ei einnisten und sich dann zu einem Baby entwickeln.

Geburt
Jedes Baby wird nach ungefähr neun Monaten geboren. Dann ist es so groß, daß es im Bauch seiner Mutter keinen Platz mehr hat. Bei den Wehen zieht sich die Gebärmutter zusammen und schiebt das Baby aus der Scheide heraus.

Geschlecht
In dem Moment, wo ein Ei und ein Samen miteinander verschmelzen, steht fest, ob das Baby ein Mädchen oder ein Junge wird. Die Samen bestimmen das Geschlecht. Es gibt Samen, aus denen Mädchen werden, und Samen, aus denen Jungen werden.

Geschlechtsorgane
So nennt man die Organe, die Menschen zum Kinderkriegen brauchen. Bei der Frau sind das die Eierstöcke, die Gebärmutter und die Scheide, beim Mann die Hoden und das Glied. Der Busen der Frau und der Bart des Mannes werden als „sekundäre Geschlechtsorgane" bezeichnet.

Glied
Jungen und Männer haben ein Glied. Bei Erregung kann es anschwellen und steif werden. An der Spitze ist eine kleine Öffnung, durch die der Urin herauskommt. Von der Pubertät an verlassen auch die Samen den Körper durch diese Öffnung.

Hoden
Zwischen den Beinen von Jungen und Männern hängt ein Beutel. Das ist der Hodensack. Darin liegen die Hoden. Sie fühlen sich an wie zwei kleine Kugeln. In ihnen werden von der Pubertät an die Samen gebildet.

Lust
Wenn ein Paar sich liebhat, hat es auch Lust, miteinander zu schlafen. Das macht ihnen sehr viel Spaß.